An Herrn Oberst Heinz Kopf,
in hohe Anerkennung und
tiefer Dankbarkeit für seine
äusserst freundliche Betreuung.

F. Carell
Kdt Schweiz. Flieger- und
Flab Truppen   31.5.95

Im Cockpit
für die Schweiz

Im Cockpit

Fotos: Dölf Preisig   Text: Ronald Sonderegger

für die Schweiz

1   Die Patrouille Suisse in der Figur Doppelpfeil. Links unten das Finsteraarhorn.

2/3   Zwei PC-7-Schulflugzeuge im Rückenflug über den Tessiner Alpen.

4/5   Tag der offenen Tür auf dem Flugplatz Alpnach: Mit Jato-Zusatzraketen hebt die Mirage III RS schon nach dreihundert Metern ab und sticht in steilem Winkel himmelwärts.

6/7   Schlussbouquet der Patrouille Suisse vor der Bös-Fulen-Wand im Kanton Schwyz. Am unteren Bildrand die Maschine des Solo-Piloten.

8/9   Aus der Position des Flügelmanns rechts mit fünf Meter Abstand fotografiert: die Hunter der Patrouille Suisse vor den Engelhörnern im Berner Oberland.

10/11   Pilot im vollklimatisierten Helm des Druckanzugs. Er trägt ihn immer dann, wenn er mit der Mirage III S in Höhen über 15 000 Meter steigt.

12/13   Überflug einer Doppelpatrouille Mirage III S.

14/15   P-3 der Pilatus-Flugzeugwerke Stans bei Mogelsberg im Kanton St. Gallen. Die P-3 wurden 1958 für die Instrumentenflugschulung gebaut. Sechzig Maschinen werden heute als Verbindungsflugzeuge eingesetzt.

16/17   Tiger F-5 F mit einer Sidewinder-Übungslenkwaffe in der Abenddämmerung. Im Hintergrund der Greifensee im Zürcher Oberland.

18/19   Der neuste Helikopter der Schweizer Armee, der zweimotorige französische Super-Puma.

20/21   Zwei F/A-18 Hornet, die künftigen Abfangjäger der Schweizer Fliegertruppe, zusammen mit einem Tiger F-5 E (ganz oben) über Biel.

Gestaltung: Hans F. Kammermann
Redaktion: Dölf Preisig
und Ronald Sonderegger
Lektorat: Robert Schnieper
Herstellung: Bütler & Partner AG

Gedruckt bei Arts graphiques Héliographia SA, Lausanne
Gebunden bei Mayer & Soutter SA, Renens
ISBN 3 85859 239-0

Inhalt

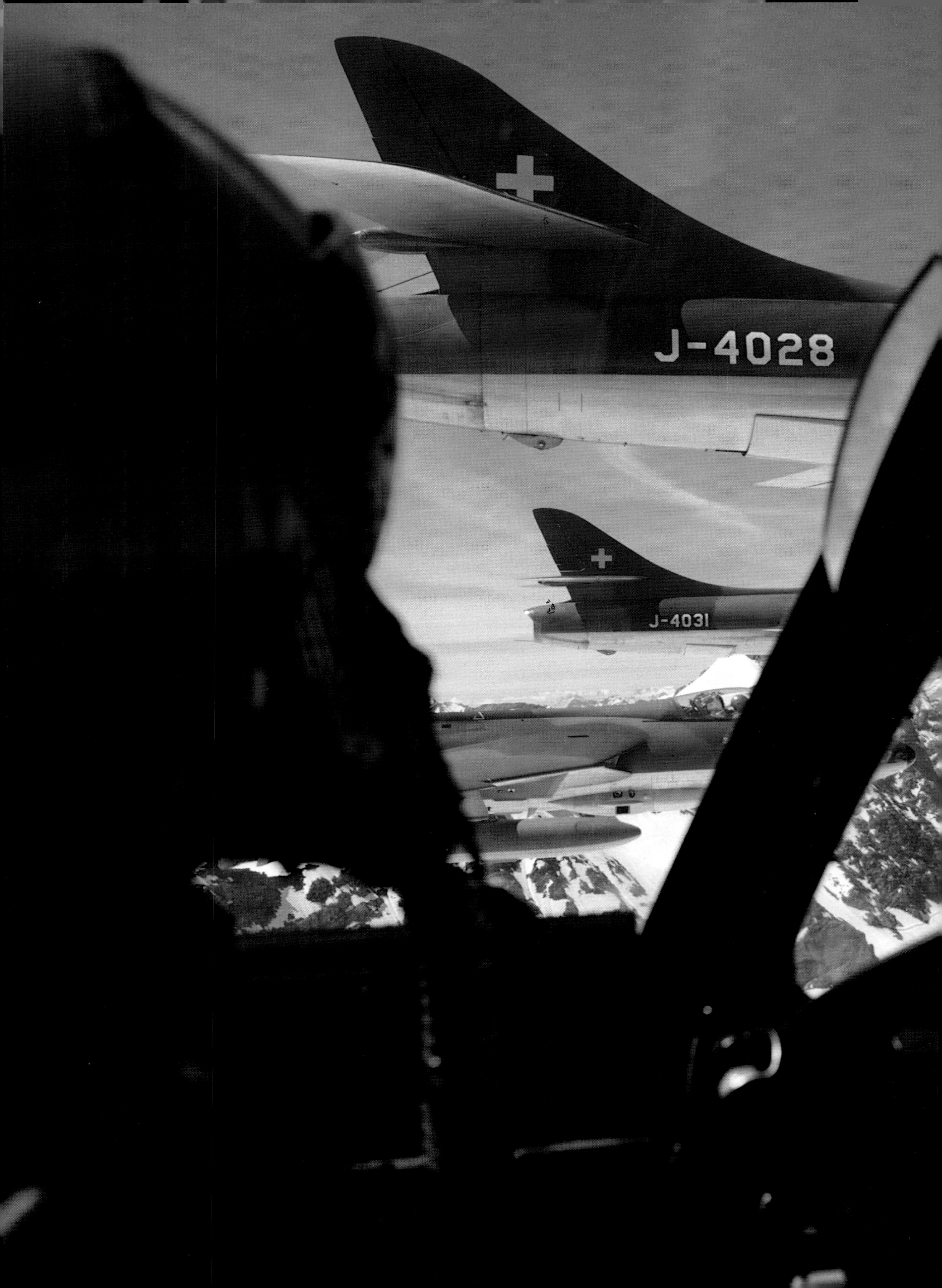
J-4028
J-4031

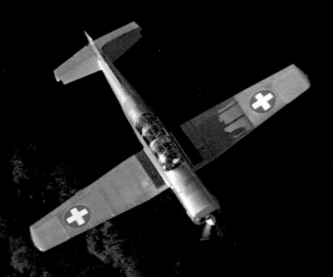

Die Fliegertruppe gestern, heute, morgen

Mit 75 Jahren hat eine Institution Teil an der Geschichte. Historiker sind denn auch daran, die Geschichte der Schweizer Fliegertruppe aus verschiedenen Blickwinkeln zu erforschen und Zusammenhänge auszuleuchten. Die folgenden Überlegungen eines Aktiven sollen deshalb weniger ein Beitrag zur Geschichtsschreibung als vielmehr zu bisherigen und künftigen Einsatzbedingungen der Flugwaffe sein.

Liest man alte Berichte über die Fliegertruppe, zeigen sich viele Konstanten: die Begrenztheit der Mittel aller Art, die Schwierigkeit, Prioritäten zu setzen, auf weniger Wichtiges zu verzichten oder auch bequeme Traditionen und Denkschemen aufzugeben und zukunftsorientiert zu handeln. Und eine Konstante ist nicht zuletzt die Forderung, zur Erfüllung unserer Aufgabe mit den ständig sich erneuernden Technologien Schritt zu halten.

Die «Schockgeburt» der Fliegertruppe

Am 31. Juli 1914 erhielt der Kavallerieinstruktor und Hauptmann im Generalstab Theodor Real vom Chef des Nachrichtendienstes den Auftrag, eine schweizerische Fliegertruppe ins Leben zu rufen. Real erfüllte seine Mission speditiv: Am 1. August 1914, am Tag der Generalmobilmachung, besammelte er auf dem Beundenfeld in Bern neun Aviatiker und acht Flugzeuge. Was der Militärhistoriker Ernst Wetter die «Schockgeburt» nannte, war vollzogen. Die Geschichte der Fliegertruppe nahm ihren Anfang.

Doch die Schweizer Armee war schon vorher «in die Luft gegangen»: Nachdem im Deutsch-Französischen Krieg 1870 erstmals Fesselballone eingesetzt worden waren, erfolgte 1897 die Aufstellung einer schweizerischen Ballonkompanie für die Gefechtsfeldaufklärung. Und wenige Jahre nach dem ersten Flug des kolbenmotorgetriebenen Aeroplans der Gebrüder Wright wollte unsere Armee auch dieses neue Gerät für die Gefechtsfeldaufklärung nutzen. Ersten Erprobungen in Manövern folgte 1912 eine Denkschrift des Generalstabschefs Theophil von Sprecher an das Militärdepartement. Im selben Jahr lancierte die Schweizerische Offiziersgesellschaft eine nationale Sammlung zur Schaffung einer «Militärischen Luftflotte». Die in der Folge eingesetzte «Kommission für das Militärflugwesen» favorisierte Maschinen der Aviatik Mülhausen und der L.V.G. Berlin.

Doch die vom Bundesrat im April 1914 bestellten sechs L.V.G.-Doppeldecker wurden nie geliefert: Am 3. August hatte Deutschland dem Nachbarstaat Frankreich den Krieg erklärt.

Die erste «Flugzeugevaluation» endete also ergebnislos, doch ein Bericht der Kommission vom 16. September 1915 zeugt von beachtlicher Weitsicht: «Die Umstände zwangen die Heeresverwaltung, ihre Flugzeuge in der Schweiz und selbst machen zu lassen. Sobald der Krieg aber aufhört, wird die schweizerische Militäraviatik ihre Flugzeuge wieder besser im Auslande beziehen. Von einer weiteren Selbstfabrikation wird kaum mehr die Rede sein.»

Im Ersten Weltkrieg beschränkte sich die Rolle der Flugwaffe auf die Beobachtung. Neben einigen derartigen Einsätzen in Manövern lag das Schwergewicht auf der Pilotenausbildung.

Zwischen den Weltkriegen

«Wir haben während dieses Krieges unter den allgemeinen Folgen der Tatsache gelitten, dass es in den Vorkriegsjahren bei uns an einer Luftraumpolitik gefehlt hat. Die Bedingungen, unter denen wir gezwungen waren, die Reorganisation unserer Luftstreitkräfte durchzuführen und ihren Einsatz vorzubereiten, indem man von ihren beschränkten oder schlecht ausgenützten Mitteln ausging, um dann nach und nach einen im Verhältnis zu ihren Kräften stehenden und dem Rahmen unseres Verteidigungsplanes angepassten Auftrag zu bestimmen, waren abnormal; sie widersprachen dem gesunden Menschenverstand. Wenn wir, umgekehrt, spätestens seit 1936/37 eine dieses Namens würdige ‹Luftpolitik› gehabt hätten, so hätten wir uns Zug um Zug und innerhalb vernünftiger Fristen die Mittel verschaffen und deren Einsatz regeln können.» So General Henri Guisan in seinem Bericht an die Bundesversammlung über den Aktivdienst 1939–1945. Seine Worte lassen auf den Zustand der Fliegertruppe am Ende der Zwischenkriegszeit schliessen und sind zugleich eine Verpflichtung für die Verantwortlichen, eine ähnliche Situation nicht erneut entstehen zu lassen. Was war geschehen?

Das Können der schweizerischen Piloten fand in der Zwischenkriegszeit internationale Anerkennung. Der Armeeleitung fehlte jedoch eine klare Vorstellung über die Aufgabe der Flugwaffe. Bis

Als die Fliegertruppe noch jung war: eine Dewoitine D-26 (Nachbau) der Konstruktionswerkstätte Thun. Die Schweizer Flugwaffe setzte zwei Maschinen zwischen 1931 und 1948 für das Luftkampftraining ein. Sie wurden mit Zielbildkameras auf den Tragflächen ausgerüstet.

1930 stand die Aufklärung im Vordergrund, wobei Jagdflugzeuge die Aufklärer schützen sollten. Danach kam der Erdkampf als neue Aufgabe hinzu. Doch die materielle Ausrüstung der Fliegertruppe blieb lange Zeit hinter den Bedürfnissen der Landesverteidigung zurück. Erst von 1936 an wurde sie forciert ausgebaut. Doch da war es bereits zu spät für eine angemessene Antwort auf die Aufrüstung in Europa: Bei der Mobilmachung der Flieger- und Fliegerabwehrtruppen am 29. August 1939 verfügte die Flugwaffe zwar über 178 Beobachtungs- und Erdkampf- sowie 40 Jagdflugzeuge. Es handelte sich jedoch zum grössten Teil um völlig veraltetes Flugmaterial, das zur etatmässigen, der Sicherstellung der Lufthoheit genügenden Ausrüstung der Einheiten nicht ausreichte.

Der Zweite Weltkrieg und die Nachkriegszeit

Für den Schreibenden ist der Zweite Weltkrieg nicht nur Geschichte, sondern auch tief eingeprägte Erinnerung. Mit Luftkriegsmitteln wurden ganze Städte in Schutt und Asche gelegt, und Luftverteidigung war in vielen Phasen des Völkerringens ein wesentliches Element der Kriegführung. Die Schweizer Fliegertruppe wurde während der ganzen Aktivdienstzeit zur Wahrung der Lufthoheit eingesetzt: Mut und Leistungen der Piloten gegen überlegene Gegner waren vorbildlich.

Der Zweite Weltkrieg gab den Anstoss zu technischen Neuerungen, die für die weitere Entwicklung der Luftfahrt von zentraler Bedeutung werden sollten: Strahltriebwerk, Leichtbautechnik, Hydraulik, VHF-, Mikrowellen- und Radartechnik, um nur die wichtigsten zu nennen.

Nach dem Krieg zog man die Lehren aus den Unterlassungen der Vorkriegszeit: Der nun einsetzende Aufschwung der Flugwaffe ist auf den Seiten 71–104 skizziert. Zu Beginn der sechziger Jahre gehörte die Schweizer Fliegertruppe qualitativ wie quantitativ zur europäischen Spitzenklasse.

Doch nun wurde eine neue Bedrohung Realität: Aufklärer und nuklear bewaffnete Bomber, die bei Tag und Nacht eingesetzt werden können und in der Tropopause (dem Grenzbereich zwischen Tropo- und Stratosphäre in rund 10 000 Meter Höhe) mit Überschall fliegen. Unsere Mittel genügten nicht mehr, um diesem Bedrohungspotential entgegenzutreten und den Neutralitätsschutz in der Lufthoheit gewährleisten zu können. Aus dieser Situation heraus entstanden die Beschaffungsprojekte Mirage (Abfangjäger), Bloodhound (Boden–Luft-Lenkwaffe) und Florida (Radarüberwachungs- und Leitsystem). In den siebziger Jahren wurde die Aufgabe der Luftverteidigung zugunsten des Erdkampfs in den Hintergrund gedrängt, um in den achtziger Jahren als Raumschutz wiederum in den Vordergrund zu treten.

75 Jahre Schweizer Fliegertruppe

Das Jubiläum ist Anlass für eine Standortbestimmung unserer Flugwaffe. Ihre Leistungsfähigkeit muss an dem in Europa vorhandenen Bedrohungspotential gemessen werden: den umfangreichen Luftkriegsmitteln von Berufsstreitkräften beider Machtblöcke, welche technologisch grossenteils auf dem höchsten Stand sind und auch in unserem Luftraum eingesetzt werden könnten.

Wir treten dieser potentiellen Bedrohung mit ausgezeichnet ausgebildeten und motivierten, von Berufspersonal wirksam unterstützten Miliztruppen entgegen. Die Ausbildung unserer Piloten auf dem Turbotrainer PC-7, dem Jettrainer Hawk und dem Kampfjet Tiger ist auf der Höhe der Zeit. Wir verfügen über eine hervorragende Infrastruktur und im Verhältnis zum Raum über zahlreiche und gut diversifizierte Waffensysteme. Sie sind jedoch aufgrund der beschleunigten technologischen Entwicklung zum Teil überaltert. Die laufenden Vorhaben zur Kampfwertsteigerung bei bestehenden Typen und zur Beschaffung neuer Kampfflugzeuge zielen deshalb darauf ab, die Flugwaffe wieder auf den Stand modernster Technologie zu bringen und ihre Schlagkraft zu verstärken.

Nicht zuletzt wegen der seit 1974 gesamthaft verringerten Kapazitäts- und Stellenkontingente sind diese neuen und immer anspruchsvolleren Aufgaben für Führung und Personal zu einer grossen Herausforderung geworden. Der Wille und die Mittel zu ihrer Erfüllung sind jedoch vorhanden und bieten im Verein mit dem Ausbildungsstand unserer Truppen in einem allfälligen europäischen Konflikt auch unter schwierigsten Bedingungen eine Erfolgschance.

Wo steht die «Luftpolitik» heute?

Heute verfügen wir über die seinerzeit von General Guisan vermisste «Luftpolitik». Hier ihre wichtigsten Elemente:

Strategie und Grundsätze der 1973 festgelegten Sicherheitspolitik bestimmen die Entwicklung der Fliegertruppe. Der Vorrang der Luftverteidigung hat eine grosse dissuasive Bedeutung. Mit der Verordnung des Bundesrats von 1984 über die Wahrung der Lufthoheit wurde das Verhalten der Flieger- und Fliegerabwehrtruppen in allen strategischen Fällen festgelegt.

Der Auftrag der Flieger- und Fliegerabwehrtruppen umfasst die vier Hauptpunkte Luftverteidigung, Luftaufklärung, Bekämpfung von Zielen am Boden und Lufttransport. Diese Aufgaben wurden in operative Zielsetzungen umgesetzt, welche von der Kommission für militärische Landesverteidigung (KML) genehmigt worden sind. Damit sind die Aufgaben der Flugwaffe als Kampfelement der Fliegertruppe bis um das Jahr 2000 definiert und absehbar. Offene Fragen bestehen hingegen im Bereich der Bekämpfung von Bodenzielen als Beitrag zum Feuerkampf der Armeekorps.

Zielvorstellungen für den Ausbau der Flugwaffe bis um das Jahr 2000 wurden von der KML ebenfalls verabschiedet. Auf dieser Grundlage kann der Ausbau der Fliegertruppe in bezug auf Material, Bauten und Organisation zielstrebig geplant werden. Und auch für die Entwicklung der komplexen Führungssysteme, mit denen die Kampfmittel wirkungsvoll eingesetzt werden können, liegt ein Leitbild vor. Welche Teile dieser Planung verwirklicht werden, legt das EMD im Dokument «Ausbauschritt» für jede Legislaturperiode fest.

Was bringen die nächsten 25 Jahre?

Im Jahr 2014 wird die Fliegertruppe hundert Jahre alt sein, sofern wir davon ausgehen, dass «Friede in Freiheit» auch in diesem Zeitraum das von der Bevölkerung getragene Ziel der schweizerischen Sicherheitspolitik bleibt.

In den internationalen Beziehungen sind seit kurzem Anzeichen erkennbar, dass in beiden Machtblöcken Europas die Doktrin ernsthaft diskutiert wird, die Streitkräfte auf eine für die Verteidigung ausreichende Stärke zu begrenzen. Noch sind jedoch Entflechtung und Reduktion der Offensivkräfte bei gleichzeitiger Sicherstellung des strategischen Gleichgewichts ein Fernziel. Der Weg zu seiner Verwirklichung wird auch im besten Fall lang und schwierig sein. Die militärische Landesverteidigung der Schweiz könnte dabei durch-

aus als Modell dienen. Im Zusammenhang mit solchen Ansätzen und allfälligen geo- und regionalstrategischen Veränderungen ist es besonders wichtig, dass die bewaffnete Neutralität als Stabilitätsfaktor weiterhin glaubwürdig bleibt.

Die Schweizer Armee und die Fliegertruppe dienten ihrer Aufgabe und Ausrüstung nach stets dem Ziel der Kriegsverhinderung durch Verteidigungsfähigkeit. «Strukturelle Nichtangriffsfähigkeit» und «nichtaggressive Verteidigung» sind zu neuen Schlagworten geworden. Für uns ist ihr Inhalt seit je eine Realität.

Künftig wird die anfängliche Aufgabe unserer Flugwaffe, die Luftaufklärung, neue Elemente aufweisen. Die Sicht- und Fotoaufklärung im optischen und Infrarotbereich spielt noch für längere Zeit eine wichtige Rolle, wird aber durch Radar-Erderkundung und perfektionierte elektronische Aufklärung ergänzt. Mit unbemannten mobilen Aufklärungssystemen, insbesondere Drohnen, wird die Luftaufklärung auch bei uns ein neues Element erhalten. Die Auswertung dieser umfangreichen Erkenntnisse ist eine anspruchsvolle Aufgabe. Dabei wird oft zu wenig beachtet, dass ihre Ergebnisse nicht nur ein unersetzliches Führungsinstrument sind und der Früherkennung militärischer Krisensituationen dienen, sondern auch für zivile Aufgaben wie allgemeine Krisenbewältigung, Ökonomie und Ökologie genutzt werden sollten.

«Schweizerische Neutralität» und «Wahrung der Lufthoheit» sind eine untrennbare Einheit. Glaubwürdige Dissuasion insgesamt, wirkungsvolle Abwehr eines Angriffs und insbesondere die Kampfführung am Boden, aber auch der Schutz der Bevölkerung und der Infrastruktur hängen in hohem Mass von der Wahrung der Lufthoheit ab. Sie reicht von der Identifikation von Luftfahrzeugen bis zum Waffeneinsatz bei Verletzungen unseres Luftraums. Sie kann nur sichergestellt werden, wenn die Fliegertruppe über geeignete Kampfflugzeuge verfügt, die im Luftkampf den neuen Generationen von Angriffsflugzeugen gewachsen sind, welche zur Zeit im mitteleuropäischen Raum in zunehmender Zahl stationiert werden. Diese Luftverteidigungsfähigkeit ist ein wichtiger Beitrag zur strategischen Stabilität in Zentraleuropa.

«Verletzung der Lufthoheit» bedeutet allerdings noch lange nicht Krieg. Sollte es trotz Verteidigungsbereitschaft zu einem Angriff auf unser Land kommen, wird die Luftverteidigung im Verbund von Flugwaffe und Fliegerabwehr zum Schutzschild für unsere Bevölkerung und für unsere Armee. Die Stärke dieses Schildes ergibt sich aus dem Verhältnis zwischen unseren Mitteln und dem Potential möglicher Aggressoren sowie den räumlichen und zeitlichen Gegebenheiten. Ziel der Planung muss weiterhin bleiben, im Rahmen der verfügbaren Finanzen eine qualitativ höchsten Ansprüchen genügende und quantitativ ausgewogene Zusammensetzung der Luftverteidigungsmittel sicherzustellen.

Gegenwärtig wird überprüft, mit welchen Mitteln der Feuerkampf unserer Armee geführt werden soll. Hier kann die Flugwaffe auch in Zukunft Beiträge leisten, die durch nichts anderes zu ersetzen sind. Ihre Stärken liegen in der Konzentration des Feuers sowie in der Flexibilität in Zeit, Raum und Zielermittlung. Im Zusammenhang mit einer optimalen, zukunftsgerichteten Lösung für den Feuerkampf muss auch die allfällige Rolle des bewaffneten Helikopters definiert werden.

Eine weitere Aufgabe der Fliegertruppe ist, insbesondere in Katastrophen- und Verteidigungssituationen die minimal erforderliche zusätzliche Inland-Lufttransportkapazität sicherzustellen. Daneben könnten sogenannte «gute Dienste» für Drittländer zu neuen Lufttransportaufgaben führen.

Einsatzbereitschaft und Wirkung der vorhandenen Primärmittel sind wesentlich von der Qualität der Führungssysteme und der baulichen Infrastruktur abhängig. Auch in Zukunft wird ein Teil des erheblichen Aufwandes in diese Bereiche investiert werden müssen.

Die vergangenen, zum Teil vehement geführten Diskussionen um die Stellung von Flugwaffe und Fliegerabwehr im Rahmen der militärischen Landesverteidigung sind nicht mehr aktuell. Sie selbst sehen sich heute im Rahmen der Sicherheitspolitik als wesentliches Element der Armeeführung und als Partner der Armeekorps.

Die Fliegertruppe war von 1914 an geprägt vom Pioniergeist ihrer Angehörigen und dem Willen, dank optimaler Ausbildung die verfügbaren Ressourcen voll auszuschöpfen. Möge dieser Geist Bestand haben!

W. Dürig

Korpskommandant Walter Dürig
Kommandant der Flieger-
und Fliegerabwehrtruppen

Die Patrouille Suisse ist 25: **Ballett**

am Himmel

Die Ästhetik müheloser Perfektion in der Luft begeistert die Zuschauer jedes Jahr aufs neue. Wegen seines grossen fliegerischen Könnens gilt das Akrobatikteam der sechs Hunter-Piloten als Aushängeschild der Schweizer Flugwaffe – seit 25 Jahren bereits. Und ohne einen Unfall. Die Patrouille Suisse wurde dafür 1988 in Australien vom Weltverband für Luftfahrt ausgezeichnet: Die hohe Professionalität, die Flugdisziplin und die strengen Sicherheitsvorkehren seien einmalig in der Welt. Ein schönes Kompliment. Es verpflichtet.

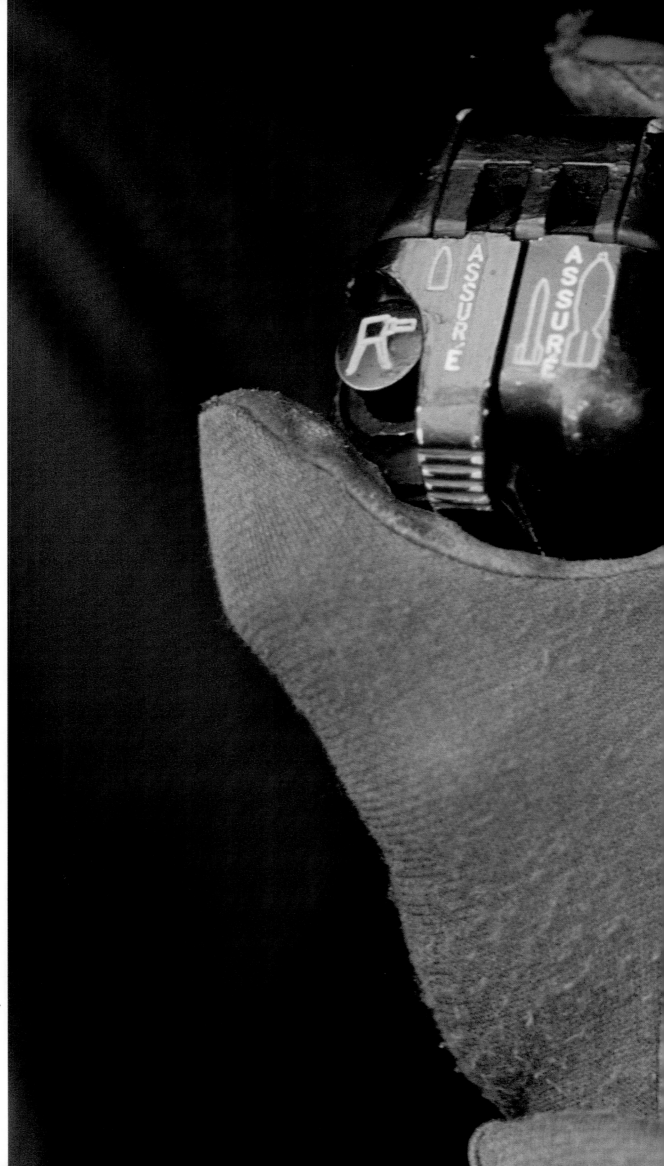

26/27 «Einlaufen hoch»: So nennen die Patrouille-Suisse-Mitglieder ihre Besammlung in grosser Höhe vor jedem Training oder der Vorführung. Hier die Figur Delta.

28/29 Aus dem Cockpit eines siebten Hunters fotografiert: die Figur Catena. Jeder Pilot richtet sich zentimetergenau nach der Maschine an seiner Seite.

30/31 Steuerknüppel eines Hunters, den der Akrobatikverband fliegt. Hier befinden sich die Schalter für die Waffen- und Fotoauslösung, die Trimmbedienung und das Höhensteuer. Der Pilot trägt einen feuerhemmenden Handschuh.

32/33 Kulmination des Looping in der Figur Doppelpfeil vor der Kulisse der Walliser Alpen. Ganz rechts das Finsteraarhorn. Fotograf Dölf Preisig liegt in seiner Maschine ebenfalls auf dem Rücken. Solche heiklen Vertikalmanöver im Verband kann die Patrouille Suisse nur zeigen, wenn die Wolkendecke mindestens 1500 Meter über Grund liegt. Bei tieferem Plafond sind noch Vorbeiflüge in verschiedenen Formationen möglich.

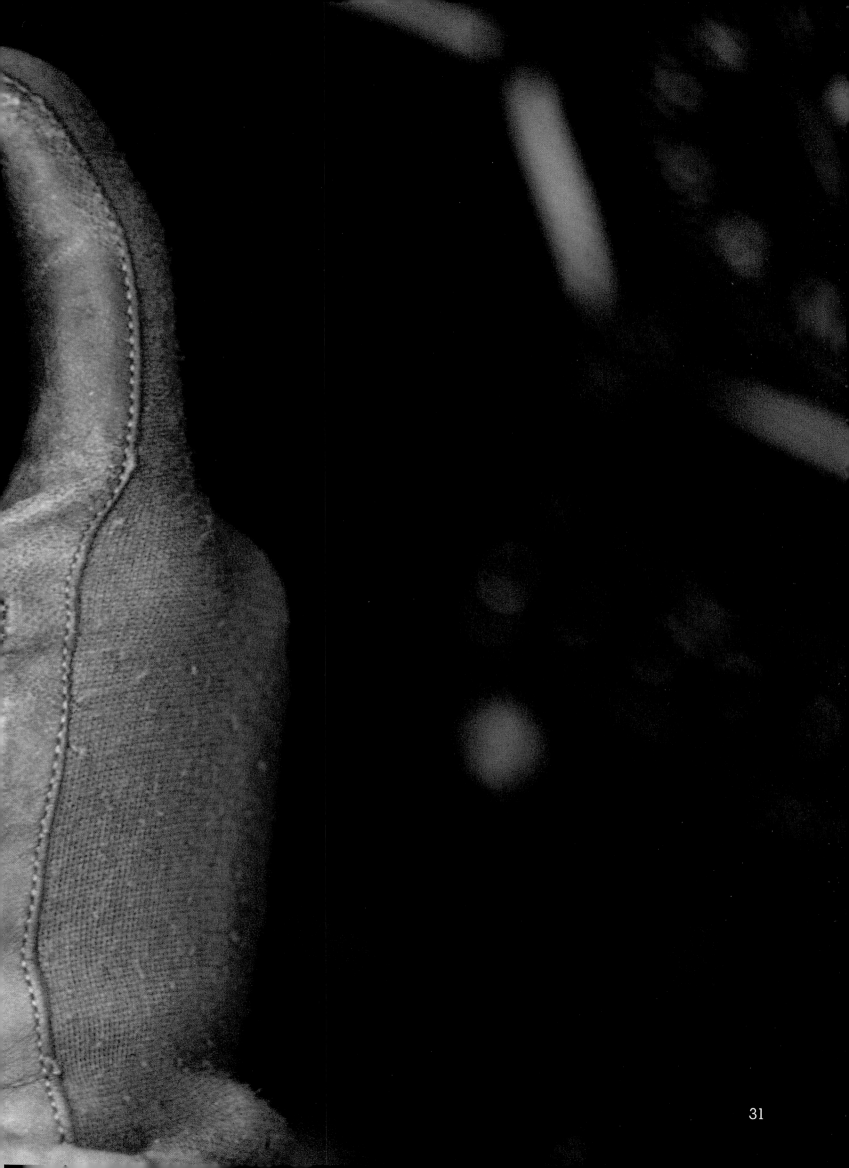

Kein Platz
für Draufgängertum
in der Luft

«Wenn die Piloten der Akrobatikstaffel unserer Fliegertruppe an einem Flugmeeting die Manege der Lüfte betreten und in atemberaubender Eleganz auf ihren fliegenden Feuerstühlen einen bunten Cocktail phantastischer Figuren in den Äther zeichnen oder im Tiefflug donnernd über den Boden fegen, dann ergreift die Zuschauermenge ein Gefühl der Faszination.»

Solche und ähnliche Zeitungselogen können wohl nur einem Ereignis gelten – den Vorführungen der Patrouille Suisse. Dann werden in der Fortsetzung mit den gleichen blumig übersteigerten Bildern und gedrechselten Bandwurm-Sätzen die Schwierigkeiten solchen Tuns hervorgehoben: «Dieser Rausch der Freiheit des Fliegens an der Leistungsgrenze von Mensch und Maschine, dieses kalkulierte Risiko im Banne geballter Kraft, technischer Schönheit und höchster Geschwindigkeit, diese dreidimensionale Choreographie extremster Flugmanöver eines Jet-Balletts zwischen Himmel und Erde erfordert von den fliegenden Artisten hartes Training, kühle Selbstbeherrschung, perfekte Präzision der Pilotage und blindes gegenseitiges Vertrauen.»

Ist es aber tatsächlich so einzigartig, so heikel?

Es ist so. «Wenn du dich nur um einen Sekundenbruchteil verschätzt», sagt Hauptmann Fredy Ramseier, seit 1988 Leader der Patrouille Suisse und im Überwachungsgeschwader (UeG) Kommandant der Tiger-Staffel 11, «kann es schon zu spät sein.» Und deshalb ist höchste Konzentration eine Grundvoraussetzung für das Gelingen der Vorführung. Auch und vor allem von seiten des Leaders. «Denn wenn du zuvorderst nicht ganz sauber fliegst, wird der ganze Verband unruhig.»

Hauptmann Ramseier, ein im Zürcher Oberland aufgewachsener Berner, weiss, wovon er spricht. Seine Hände ver-

krampfen sich noch nach 2700 Flugstunden, wenn im Training sechzig Minuten lang Millimeterarbeit gefordert wird. Wo es im Normalfall egal ist, ob man nun drei oder gar dreissig Meter weiter rechts oder höher fliegt – im Formationskunstprogramm zählt der einzelne Meter, und das bei jeder Sequenz. Und es ist gerade diese fliegerische Präzision der sechs Himmelstänzer, diese perfekte Symbiose von Mensch und Maschine, die an den Flugmeetings von Zehntausenden von Zuschauern bejubelt wird. Die 16-Minuten-Show der Patrouille Suisse bildet selbst nach 25 Jahren noch immer den unbestrittenen Höhepunkt jeder Aviatikveranstaltung.

Weil das Jahr 1964 als offizielles Geburtsdatum der Patrouille Suisse gilt, ist sie nun ein Vierteljahrhundert alt. Einfach war die Geburt nicht. Als ausländische Luftwaffen wie jene Italiens mit den «Frecce Tricolori» oder jene Grossbritanniens mit den «Red Arrows» längst über vielbewunderte Akrobatikteams verfügten, gab es in der Schweiz noch viele Vorbehalte gegenüber einer Kunstflugformation in der Fliegertruppe: Wo lag deren militärischer Sinn? Welchen Stellenwert in der Pilotenausbildung besass sie? Die «Neue Zürcher Zeitung» schrieb indigniert von «Militärpiloten im Showbusiness». Und der «Beobachter» rügte noch lange nach der Gründung die unnötige Geldverschwendung.

Doch die Armeeführung erkannte bald einmal den einzigartigen Werbeeffekt der Akrobatikstaffel. Einen Effekt, den der Appenzeller Major Bruno Morgenthaler, von 1974 bis 1984 Mitglied der Patrouille Suisse und fünf Jahre deren Leader, einmal so definierte: «Sinn und Zweck der Kunstflugformation ist es, durch Präzision, Eleganz und fliegerisches Können die Leistungsfähigkeit der Schweizer Flugwaffe unter Beweis zu stellen und der oft lärmgeplagten Bevölkerung die Schönheit der Technik vor Augen zu führen.»

Die Initiative zur Gründung eines Akrobatikverbands innerhalb des UeG war 1959 aus Pilotenkreisen gekommen.

Ein Jahr zuvor hatte der Bundesrat den Kauf von hundert Maschinen des polyvalenten britischen Jagdeinsitzers Hawker Hunter Mk 58 beschlossen – das «schönste Militärflugzeug, das je gebaut worden ist», wie Hunter-Piloten noch heute schwärmen. Dank seiner unbestritten wohlproportionierten Form eignet sich der Hunter hervorragend für Flüge im Verband. So übernahm das Kommando der Flieger- und Fliegerabwehrtruppen die Pilotenanregung und befahl 1959, eine Hunter-Doppelpatrouille (vier Flugzeuge) für Demonstrationseinsätze zu trainieren. Dabei war in erster Linie an Präsentationen vor militärischen Verbänden wie Rekruten- und Offiziersschulen gedacht.

Am 2. Juli 1960 trat das neue Kunstflugteam in Biel erstmals öffentlich auf, zwei Wochen später auch im freiburgischen Ecuvillens. Und am 25. Juli 1960 zeigte sich der Verband über dem Rütli – in Erinnerung an den denkwürdigen Rütli-Rapport von General Henri Guisan zwanzig Jahre zuvor. Durchgeführt wurden ausschliesslich einfache Vorbeiflüge in verschiedenen Figuren.

Den Anstoss zu einem eigentlichen Kunstflugprogramm gab dann Hauptmann Rolf Brunold, Kommandant der Fliegerstaffel 1, die als erste mit dem neuen Hunter ausgerüstet wurde. Der Bündner aus Churwalden hatte nach einem Besuch bei der schwedischen Luftwaffe seinen Vorgesetzten Vorschläge für eine «kriegsnahe Pilotenausbildung» unterbreitet. Unter anderem legte er dar, dass Fliegen im Krieg zum Teil Kunstflug bedeute und dass deshalb dem Kunstflug, auch im Verband, eine erhebliche Bedeutung zukomme.

Seine Vorschläge fanden Gehör, und so durfte er mit drei Staffelkameraden offiziell das machen, was sie zuvor «ohne Erlaubnis» (so Brunold) längst getan hatten: Akrobatikfiguren trainieren. Letzte Anregung für ihr Kürprogramm in der Luft holten sich die schweizerischen Hunter-Piloten 1962 bei einem Besuch der Luftfahrtschau im britischen Farnborough, wo die Royal Air Force (RAF) ein Fliegerballett mit sechzehn Hunter präsentierte.

Die angehenden Schweizer Akrobatikpiloten mussten zu Hause freilich einige Einschränkungen in Kauf nehmen. So durften aus Sicherheitsgründen vorerst weder Rollen noch Loopings im Verbandsflug geübt werden. «Aber sonst waren wir damals sehr frei beim Aufbau der Figuren», erzählt Rolf Brunold. «Wir fragten uns vor dem Training: ‹Was ist alles mit dem Hunter machbar?› Das wollten wir herausfinden und entsprechend das Programm zusammenstellen.» Rückblickend sieht Rolf Brunold, ein «Draufgängertyp», wie er sich selber nennt, Unterschiede zwischen den Vorführungen der Patrouille Suisse vor 25 Jahren und heute: «Wir boten damals wohl mehr Action und zeigten mehr Figuren direkt über dem Platz.»

1963 durfte das Akrobatikteam im Armeefilm für die schweizerische Landesausstellung, die Expo '64 in Lausanne, mitwirken. Ebenfalls 1964 feierte die Fliegertruppe ihr fünfzigjähriges Bestehen mit aufwendigen Meetings in allen Landesgegenden – selbstverständlich unter Mitwirkung der neuen Kunstflugstaffel. Weil es deshalb viel Arbeit für die Patrouille Suisse gab, formierte sich aus der Staffel 11 eine zweite Akrobatikequipe unter dem Kommando von Oberleutnant Paul Birrer. So kam es, dass sich während rund zwei Jahren «zwei Patrouille-Suisse-Teams gegenseitig konkurrenzierten», wie Testpilot Walter Spychiger, damals Leutnant im Team von Hauptmann Brunold, sich erinnert.

Die Präsentationen fanden bei den Zuschauern ungeheuren Anklang. Die Schweizer waren stolz auf die «Helden der Lüfte», und «auch wir Piloten», sagt Walter Spychiger, «waren stolz und empfanden es als Auszeichnung, dass wir dabei sein durften». Die Shows wirkten ja auch recht spektakulär: Man startete mit insgesamt neun Hunter als grossem Anfangsbouquet, und während bald fünf Maschinen am Horizont verschwanden, zeigte die verbliebene Doppelpatrouille ihr packendes Kürprogramm. Loopings waren inzwischen erlaubt, Rollen hingegen (noch) nicht.

Einen offiziellen Namen besass die Kunstflugstaffel aber noch immer nicht. «Bei den Vorführungen in der Südschweiz», erinnert sich der Tessiner Aridio Pellanda, damals als Oberleutnant in der Equipe von Hauptmann Brunold, «hiessen wir Patrouille Elvetica.» Den endgültigen Namen soll, einem On-dit zufolge, Divisionär Etienne Primault, Kommandant der Flieger- und Fliegerabwehrtruppen, gegeben haben. Bei einer der Vorführungen habe er 1964 begeistert ausgerufen: «Die fliegen ja so grossartig wie die Patrouille de France!» Fortan trugen die eidgenössischen Kunstflieger den Namen «Patrouille de Suisse». Während in der deutschsprachigen Schweiz das de bald wegfiel, blieben die Romands bis heute beim – sprachlich korrekteren – «Patrouille de Suisse».

Die Shows der Luftakrobaten hatten bei der Bevölkerung viel Begeisterung und auch Verständnis für die Arbeit und die Aufgaben der Fliegertruppe geweckt. Die Armeeführung liess sich ebenfalls überzeugen, wenn auch noch lange gelegentlich Skepsis über den militärischen Nutzen solcher Luftballette laut wurde. Ein Unfall aber, das wussten die Männer in ihren «fliegenden Boliden», durfte nicht passieren – das wäre das Ende der Patrouille Suisse. Und es gab auch keinen, bis heute nicht. Aridio Pellanda, inzwischen aus Gesundheitsgründen im Grad eines Oberstleutnants vorzeitig pensioniert, weiss aber von einem Vorfall in der Luft, der leicht schwerere Folgen hätte haben können: «Bei einem Looping touchierte ich die Maschine von Adjutant Wolfgang Brülhart, aber wir merkten es nicht einmal. Erst ein Anruf der Werkstattmannschaft, die Beulen am Flügel und Flügeluntertank (Flunt) der beiden Jets entdeckt hatte, machte uns darauf aufmerksam.» Diese Kollision bewies nebenbei die überaus stabile Bauweise des Hunter: Ein Venom, beispielsweise, wäre glatt in der Luft auseinandergebrochen.

1965 trat Hauptmann Rolf Brunold überraschend als Leader seines Patrouille-Suisse-Teams zurück, verliess das Überwachungsgeschwader und wurde Fluglehrer bei der Swissair. Der «Super-Pilot», wie ihn die «Neue Zürcher Zeitung» nannte, hatte die Programmgestaltung wohl allzu frei interpretiert und wegen seiner eigenwilligen Fliegerei Schwierigkeiten mit den Vorgesetzten bekommen. Von da an gab es nur noch eine einzige Kunstflugequipe, gemischt aus Mitgliedern der Fliegerstaffeln 1 und 11, unter der Führung von Hauptmann Paul Birrer. Ihn traf drei Jahre später ein tragisches Unglück: Bei einem Fotoflug im Anschluss an ein Training der Patrouille Suisse zerschellte seine Maschine an der Axalp-Krete im Berner Oberland. Mit ihm starb der bekannte Fotograf und Militärpilot Ernst Saxer.

Noch immer galt der Hunter als ideales Akrobatikflugzeug. Dennoch wurden 1967, im Hinblick auf die Journées militaires in Genf, Versuche mit einer Doppelpatrouille der eben in Dienst gestellten französischen Mirage III S unternommen. Die Präsentation der schnellen, wendigen Abfangjäger mit ihren wirkungsvollen Deltaflügeln gefiel gut, doch wegen der starken Turbulenzen, die ein nahes Aufschliessen unmöglich machen, ist die Mirage für Formationsflüge wenig geeignet. So blieb denn der Hunter weiterhin unbestrittener Star der Lüfte.

Dank der Salamitaktik der Piloten wurde das Showprogramm Schritt für Schritt ausgebaut. Man zeigte Rollen im Verband, später auch Loopings in Linie und Doppelloopings.

37 Abfangen aus dem Looping in der Figur Doppelpfeil westlich von Brigels im Vorderrheintal, Blickrichtung Glarnerland. Die Piloten müssen bis fünf g aushalten (das fünffache Eigengewicht drückt sie in den Sitz).

38/39 Die Figur Delta im Gegenlicht. Damit die Piloten nicht geblendet werden, fliegen sie wenn möglich nicht gegen die Sonne. Zudem tragen sie zum dunklen Visier die Sonnenbrille.

1970 wurde der Verband auf eine Fünferformation erweitert, und acht Jahre später auf ein halbes Dutzend, was den Einsatz von zwei Solisten erlaubte. Mit sechs vorteilhaft präsentierenden Hunter konnte die Patrouille Suisse nun auch im internationalen Vergleich standhalten. Und das tat sie mit Erfolg: 1978 bei ihrem ersten Auslandeinsatz in Salon-de-Provence, der Heimatbasis der Patrouille de France, und ein Jahr darauf am International Air Tattoo auf dem britischen Militärflugplatz Greenham Common, wo die Patrouille Suisse mit dem eindrücklichsten Programm aller Akrobatikteams vor über 150 000 Zuschauern die begehrte Shell-Trophy errang.

Wenn auch zwei Jahre später die Verteidigung des Wanderpreises in England nicht ganz gelang – Sieger wurde 1981 die Grasshoppers-Helikopterstaffel aus Holland vor den Eidgenossen –, so blieb die Patrouille Suisse doch bis heute eine Kunstflugformation der internationalen Spitzenklasse.

Eine ganz spezielle Auszeichnung konnte die Patrouille Suisse im Oktober 1988 im australischen Sydney entgegennehmen. Der Weltverband für Luft- und Raumfahrt (FAI) ehrte den Schweizer Kunstflugverband für 24 Jahre unfallfreies Akrobatikfliegen. Die «hohe Professionalität, Flugdisziplin und die strengen Sicherheitsvorschriften der Patrouille Suisse» seien wohl einmalig auf der Welt, hiess es in der Laudatio.

Ein schönes Kompliment, und zu Recht ergangen. Denn andere Kunstflieger leben tatsächlich gefährlicher. So kamen, im Januar 1982, vier Mitglieder der US-Akrobatikstaffel «Thunderbirds» (Donnervögel) ums Leben, als sie ihre T 38 beim Training zu tief aus einem Looping retablierten und frontal in den Wüstenboden von Nevada knallten. Und beim bisher schwersten Unglück im August 1988 starben auf dem US-Air-Force-Stützpunkt Ramstein in der Bundesrepublik Deutschland siebzig Menschen, nachdem eine Maschine des italienischen Frecce-Tricolore-Teams eine zweite touchiert hatte und in die Zuschauer gestürzt war.

Die Akrobatik-
piloten mit dem
Patrouille-Suisse-
Emblem am Helm-
visier. Oben von
links: Hptm Rudolf
Wattinger, Hptm
Daniel Hösli, Oblt
Gaëtano Barberi.
Unten: Oblt Urs
Nagel, Hptm Beat
am Rhyn (Ersatz-
pilot; in der Nor-
malbesetzung
fliegt Lt Roland
Gabriel, auf dem
Bild Seite 43 unten
vierter von links),
Hptm Fredy Ram-
seier (Leader).

Der Salto muss ohne mortale bleiben

Es sieht am Himmel halsbrecherisch aus – doch der Salto muss ohne mortale bleiben. Der Sicherheit geben deshalb die Piloten der Patrouille Suisse höchste Priorität. «Draufgängertum und Waghalsigkeit haben keinen Platz», sagt Leader Fredy Ramseier entschieden. So wird jedes Training vom Coach mit mobiler Funkstation am Boden beobachtet und später anhand der Videoaufnahmen mit allen Piloten analysiert und ausgewertet. Die alljährlich etwas anders zusammengestellten Programme enthalten wenig Flüge in Linie: Sie sind schwierig und trainingsaufwendig. Ausserdem verzichtet die Patrouille Suisse auf zahlreiche spektakuläre Figuren, die man bei ausländischen Profi-Teams regelmässig sehen kann. Mit einem einzigen Trainingstag pro Woche ist Selbstbeschränkung und genaue Kenntnis der eigenen Grenzen eine Grundvoraussetzung für unfallfreie Air-Shows. Vorsicht kennzeichnet auch den Ablauf der Vorführungen.

Garderobe der Patrouille-Suisse-Piloten mit Anti-g-Anzug und Helm.

Flugvorbereitung anhand des Programmschemas und der Kartensituation.

Sämtliche Flüge werden über dem offenen Flugplatzgelände ausgeführt, keine über den Zuschauermassen, damit bei einem möglichen Absturz das Publikum nicht gefährdet wird.

Diktiert vom knappen Trainingsaufwand, soll deshalb die Choreographie der Figuren von der Pilotage her möglichst einfach sein, optisch jedoch anspruchsvoll wirken. Der Leader fliegt seine – mit dem Cheftrainer erarbeiteten – Figuren zuerst solo ab. Denn er muss

wissen, ob sie überhaupt realisierbar sind, ob stellenweise zuviel Beschleunigung erfordert wird und ob das Programm nicht länger als sechzehn Minuten dauert.

Der Leader, im Funk «Uno» genannt, ist dann beim praktischen Training und bei den Vorführungen der Dirigent, der Dreh- und Angelpunkt. Er gibt dem Team Halt, Rückgrat und Ruhe. Er muss die meisten Figuren mit reduzierter Leistung fliegen, damit die andern, die längere

Radien und Strecken zurücklegen müssen, überhaupt mithalten können. «Wir folgen ihm bedingungslos», sagt Leutnant Roland Gabriel, der Jüngste im Team, «mit offenen Augen, aber im blinden Vertrauen auf den Vorder- und Hintermann.»

Diese Disziplin der Akrobatikpiloten und das genau kalkulierte Risiko haben sich bis heute gelohnt. Die fast dreihundert öffentlichen Auftritte der Patrouille Suisse sind unfallfrei verlaufen.

Befehlsausgabe vor dem Einsatz durch Leader Fredy Ramseier (ganz links). Im Hintergrund ein Hunter der Patrouille Suisse.

«Ich bin stolz auf die Berufung ins Team»

Er ist der «Slot» im Verband, der «Quatro», wie er im Bambini-Code, der durch Sprachmix entstandenen Funksprache der Militäraviatik, heisst. Oberleutnant Urs Nagel, Jahrgang 1961, fliegt direkt hinter dem Leader, was wenig Wechsel innerhalb der Formation bedingt: «Aber gerade das bedeutet konzentrierte Arbeit.» Er muss möglichst ruhig steuern und zentimetergenau seinen Platz halten, damit die beiden Nachbarflugzeuge, der Flügelmann rechts, genannt «Rera

Flügel» oder «Due», und der Flügelmann links, «Lili Flügel» oder «Tre», gute Bezugspunkte haben. Sonst wirkt sehr schnell der ganze Verband unruhig und gibt ein unschönes Bild für die Zuschauer ab.

Seit vier Jahren ist Oberleutnant Nagel Mitglied der Patrouille Suisse, und er gesteht offen, dass er stolz auf diese Auszeichnung ist, stolz darauf, zu dieser Eliteformation zu gehören: «Die Berufung ins Team war eine Überraschung für

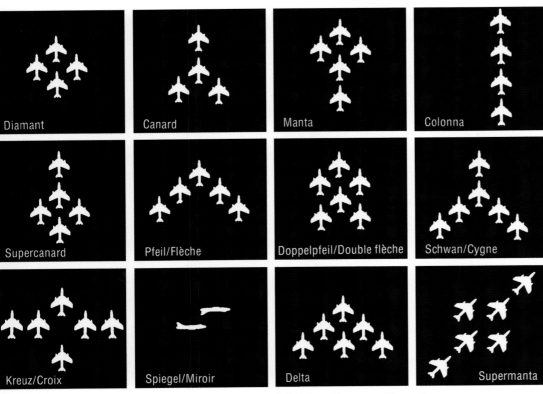

Diamant · Canard · Manta · Colonna · Supercanard · Pfeil/Flèche · Doppelpfeil/Double flèche · Schwan/Cygne · Kreuz/Croix · Spiegel/Miroir · Delta · Supermanta

Die von der Patrouille Suisse hauptsächlich geflogenen Formationen.

Lt Nagel

Vor dem Start. Pilot Nagel trägt einen Schweissschutz unter dem Helm.

Die Patrouille-Suisse-Hunter auf der Flightline.

44

mich. Sie bedeutete mir mehr als die Brevetierung oder mein erster Alleinflug in der Rekrutenschule.»

Bis der Luftkampfspezialist mit 1600 Jet-Flugstunden jedoch öffentlich in der Akrobatikstaffel auftreten durfte, hatte er 35 Trainingseinsätze zu fliegen. Es begann mit einem auf Präzision abgestimmten Spezialprogramm, bei dem er sich in der Zweierpatrouille an immer engeres Nebeneinanderfliegen, an ungewohnt nahe Distanzen gewöhnen musste. Dann

steigerte sich der Schwierigkeitsgrad mit vertikalen Manövern und Rollen. Später wurde er im Dreier- und Viererverband mitgenommen, bis er zuletzt im kompletten Sechser mitflog.

Der Zürcher mit Wohnsitz im aargauischen Würenlos, gelernter Fernmelde- und Elektronikmechaniker, pilotiert im UeG zwar den modernen Tiger F-5 in der Staffel 1, doch er schätzt wie alle Patrouille-Suisse-Mitglieder speziell den gutmütigen Hunter, auch wenn dessen

Schubleistung nicht optimal und die Instrumentierung gar spartanisch sei. Nun ist aber abzusehen, dass «good old Hawker Hunter» bald ausgedient hat. Wenn gegen die Jahrtausendwende die letzte Hunter-Frontstaffel abgewrackt wird, dann muss auch das Kunstflugteam auf sein vertrautes Schlachtross verzichten.

Ein kleiner Trost bleibt: Nachfolger wird wieder ein Engländer, nämlich der moderne, gut präsentierende Doppelsitzer-Jettrainer Hawk, der Habicht.

Nur das Emblem (und die hier nicht sichtbare Rauchanlage) unterscheidet die Maschinen von den übrigen Hunter-Jagdbombern.

46/47 Der Fünferverband mit Rauch in der Figur Pfeil über dem Mattertal im Wallis, Blickrichtung Lötschental. So sieht der Solist seine anfliegenden Kollegen, die er in wenigen Sekunden kreuzen wird.

48/49 Von der Seite gesehen: Die Figur Delta über dem Matterhorn (links, dahinter der Montblanc) und die Dent Blanche (rechts). Das siebte Flugzeug mit dem Fotografen fliegt mit zwanzig Meter Abstand.

50/51 Figur Delta im gradlinigen Überflug. Die Maschinen halten im 750-Stundenkilometer-Tempo einen gegenseitigen Abstand von drei Metern.

Vorgesetzte dürfen für einmal nichts sagen

Ein wesentlicher Grundsatz, auf dem die Patrouille Suisse beruht und der sie so erfolgreich gemacht hat, ist in den 25 Jahren nie geändert worden: Kein Pilot kann sich freiwillig zur Akrobatikequipe melden. Wer als UeG-Mitglied den hohen fliegerischen Anforderungen genügt, der wird eine Zeitlang beobachtet und dann durch einstimmige Wahl aller aktiven Mitglieder des Kunstflugteams erkoren. Vorgesetzte erhalten keine Mitsprache – nur der Kommandant des UeG

besitzt ein Vetorecht. Dafür hat der Gewählte die Gewissheit, zu den zuverlässigsten Piloten der Fliegertruppe gezählt zu werden.

Es sind die charakterlich stabilsten Piloten, die ins Showteam aufgenommen werden. Nicht unbedingt die kühnsten, denn Draufgänger findet man unter ihnen so selten wie unter wirklich guten Hochseilakrobaten im Zirkus. Weshalb der Charakter im Auswahlverfahren so wichtig ist, erläutert der Cheftrainer,

Er war im ersten Team 1964: Aridio Pellanda mit Foto aus jener Zeit. Von links: Oblt Pellanda, Hptm Rolf Brunold (Leader), Lt Walter

Major Hans-Rudolf Beck: «Im Zusammenspiel des Teams muss sich jeder auf den andern verlassen können.»

Auch in einem zweiten Punkt hat sich nichts geändert: Die Patrouille-Suisse-Mitglieder sind keine Showstars – sie bleiben weiterhin als Fluglehrer und Frontpiloten im UeG tätig. Ihr Kunstflugtraining betreiben sie sozusagen nebenbei, jeden Montagvormittag vom März bis Oktober, über dem schwyzerischen Flugplatz Wangen-Lachen am Zürichsee.

Das Patrouille-Suisse-Team 1982. Mitte: Leader Bruno Morgenthaler.

Rolf Brunold (l.), erster Leader der Patrouille Suisse, heute Swissair-Fluglehrer.

Spychiger, Adj Wolfgang Brühlhart.

Das Team heute. Zweiter von rechts: Coach Beck. Unten rechts: Leader Ramseier.

54/55 So sieht
der hinterste Pilot
den Akrobatikver-
band in der Figur
Diamant. Die
Maschinen liegen
drei Meter ausein-
ander. Jedes Mit-
glied muss seinen
Nachbarn seitlich
und vorn jeden
Sekundenbruchteil
im Auge behalten.
Präzisionsfliegen
wird da verlangt!

56/57 Eine Prä-
sentationskurve
500 Meter über
Zermatt. Es ist
zwar keine Akro-
batikfigur, aber
ein Programmteil.
Der Leader ist für
die sichere Flug-
wegwahl in den
engen Tälern ver-
antwortlich. Die
Verbandsmitglie-
der machen keine
Beurteilung des
umliegenden
Geländes. Sie kon-
zentrieren sich
allein aufs Halten
der Position.

58 Figur Doppelpfeil in einer Walzenbewegung links über dem Matterhorn. Die Beschleunigung liegt bei zwei g. Die Walze ist eine Kombination aus Beschleunigung und Drehung um die Längsachse des Flugzeugs. Es ist auch ein Luftkampfmanöver.

59 Looping in der Figur Doppelpfeil über dem Kistenpass im Vorderrheintal. Das Tempo nimmt beim Aufziehen stark ab: Zu Beginn des Loopings sind die Jets 700 Stundenkilometer schnell, bei der Kulmination noch 300 Stundenkilometer.

60/61 Eine ungewohnte Perspektive des Akrobatikverbands über dem Wallis. Links die Dent Blanche, in der Mitte das Zinal-Rothorn. Mit diesen Manövern holen die Piloten Anlauf für die nächste Figur.

Sieben Mann in sechs Hunter-Maschinen

«Beim Aufziehen zur Supermanta-Walze noch keine Querlage geben! Und beim Schwan mehr beschleunigen.» Coach Hans-Rudolf Beck macht eine kurze Analyse des ersten Trainings der Patrouille Suisse in diesem Jahr. Noch sind einzelne Figuren etwas wacklig, stimmen die Distanzen nicht.

Beim zweiten Einsatz fliegt Major Beck selber als Ersatzpilot einen Doppelsitzer am Platz des «Right wing», des rechten Flügels. Neben ihm im engen Hunter-Cockpit der Textautor, der die Kürübungen des Akrobatikverbands hautnah erleben will. Die sechs Flugzeuge liegen bedrohlich nahe – man könnte sie fast greifen. «Es sind drei Meter Abstand», beruhigt Major Beck. «Und zwei Meter Stufung in der Tiefe.»

Was vom Boden her so lässig und beschwingt aussieht, ist für die Piloten Schwerstarbeit. Major Beck hat ausschliesslich seinen Referenzpunkt im Auge, die Nachbarmaschine. Er folgt je-

der ihrer Bewegungen. Pausenlos gleicht er mit dem Ruder und dem Gashebel kleinste Temposchwankungen und Distanzfehler aus. «Die Arbeit ist von der Konzentration her mit dem Schützen vergleichbar, der mit seinem Gewehr sechzehn Minuten lang ununterbrochen Kimme und Korn übereinanderhalten muss», erläutert der erfahrene Geschwaderführer mit 4000 Flugstunden.

Über Funk meldet sich der Leader: «Anflug Doppelpfeil – es git e chli g.» Die

Piloten leiten eine enge Kurve ein, und schon presst das fünffache Eigengewicht alle hart in die Sitze.

Jetzt löst sich «Sexi» aus dem Verband. Es ist Rudolf Wattinger, die Nummer sechs («Sexi») und damit Erster Solist. Während die fünf Maschinen sich zur Supercanard-Figur im Tempo 400 formieren, rast der «Sexi»-Hunter mit doppelter Geschwindigkeit zur Kreuzung auf das Quintett zu. Es sieht bedrohlich aus. Major Beck winkt ab: «Das Schwierige daran

ist die Präzision. Wenn sich ‹Sexi› um zwei Sekunden verschätzt, findet die Kreuzung nicht vor den Zuschauern, sondern einen Kilometer daneben statt.»

Der Leader kündigt einen Vertikal-Looping an: «Ich ziehne uuf – es git e chli g.» Der Verband sticht von 200 Meter über Grund senkrecht in den Himmel bis zum Scheitelpunkt auf 1500 Metern. Die Jets liegen kurzfristig auf dem Rücken, und als sie retablieren, sind sie zurück auf Ausgangshöhe.

62/63 Über den Tschingelhörnern mit dem berühmten Martinsloch im Kanton Glarus: Das Finale («Grande» genannt) des Akrobatikteams, das sich in den nächsten Sekunden zum Schlussbouquet auflösen wird.

64/65 Die Hunter-Frontscheibe aus splitter- und schusssicherem Panzerglas. Vor dem Gesicht des Piloten das Zielgerät.

66/67 Langsamer Vorbeiflug in der Landekonfiguration mit ausgefahrenem Fahrwerk. Geschwindigkeit: 400 Stundenkilometer.

68/69 Heimkehr im hohen Luftraum von einem Einsatz: der Akrobatikverband in der Figur Delta. Ein einziges Flugzeug verfügt noch über Rauch.

Die Schweizer Flugwaffe ist 75:

Höhenflüge und kalte Duschen

Jubiläen sind immer auch Anlass für ein bisschen Nostalgie, für Rückblicke auf Erfolge und Versäumnisse. Auf Zeiten beispielsweise, als die Venom DH-112 noch vollwertige Kampfflugzeuge waren. Das ist Geschichte. Aber noch gar nicht so lange her.

Rückblenden

1939. Die schweizerische Fliegertruppe begeht ihr 25-Jahr-Jubiläum. Dunkle Wolken über Europa dämpfen jedoch die Feierlust. Die hektische Aufrüstung Nazi-Deutschlands hat erkennbar nur ein Ziel: den Krieg.

Die Fliegertruppe war 1939 schlecht gerüstet. Sozusagen in letzter Minute konnten im bayrischen Augsburg neunzig moderne Messerschmitt-Me-109-Jäger erworben werden. Doch der übrige Kampfflugzeug-Bestand war veraltet. Als Ende August 1939 die Fliegertruppe mobil machte, mussten die Piloten von fünf der einundzwanzig Fliegerkompanien (Staffeln) wieder demobilisieren: Für sie gab es keine Flugzeuge.

Immerhin gelang es dann Anfang Oktober – am 1. September hatte Hitler Polen überfallen –, drei bestellte dreimotorige Junkers Ju-52-Grossflugzeuge unter grossen Schwierigkeiten von Dessau (heute DDR) nach Dübendorf zu überfliegen. Weil aber die vorgesehene Einstellhalle um neun Zentimeter zu niedrig war, musste den Wellblechmaschinen fürs Parkieren die Luft aus den Pneus gelassen werden. Später kamen sie in die passende Halle 9, und da stehen sie heute noch, flugbereit gewartet für den Liebhaberverein Ju-Air und mit fünfzig Jahren auf dem Buckel schon so etwas wie ein Symbol helvetischer Sorgfalt.

1964. Die schweizerische Fliegertruppe begeht ihr 50-Jahr-Jubiläum. Es wird zwar gefeiert, «doch lagen unverkennbare Schatten auf dem Jubiläum», wie die «Neue Zürcher Zeitung» vermerkt: Die in der Schwebe hängende Mirage-Beschaffung «dämpfte die Festfreude merklich».

Doch nicht allein der sich abzeichnende «Mirage-Skandal» prägt die pessimistisch gefärbte Festansprache des Fliegerchefs, Divisionär Etienne Primault. Kaum eine andere Waffe habe seit ihren Anfängen so hart um ihre Anerkennung ringen müssen wie die Flugwaffe, führt er an den Jubiläumsmeetings in Locarno, Payerne und Dübendorf aus: «In der Schweiz stiessen die Bestrebungen,

die Fliegertruppe der Erneuerung und
Modernisierung anzupassen, schon 1914
auf Widerstand, und so ist es bis heute
geblieben.»

Einer der Festgäste folgt diesen Wor-
ten mit besonderer Aufmerksamkeit: Der
dreiundachtzigjährige Theodor Real, der
als Kavalleriehauptmann vom 1. August
1914 an die erste Flugwaffen-Einheit mit
neun Piloten und acht requirierten Zivil-
maschinen kommandiert hat. Theodor
Real kann eine fünfzigjährige Entwicklung in der Militärfliegerei überblicken –
Höhen und Tiefs, Erfolge und Versäumnisse.

Ein Problem vor allem, die Beschaf-
fungsfrage, durchzieht die Geschichte
der Fliegertruppe bis heute. So schrieb
etwa die Kriegstechnische Abteilung
noch im November 1937 dem Bundesrat:
«Einem europäischen Krieg stehen wir
heute ferner denn je.» Es habe also «keinen Sinn, kostspielige Flugzeug-An-
schaffungen zu machen».

Trotz materialmässiger Unterlegen-
heit wussten sich jedoch die Piloten im
Aktivdienst überraschend gut zu behaupten. Unvergessen bleibt der 8. Juni
1940: Im Jura kämpften zwölf eidgenössi-
sche Piloten gegen eine eingedrungene
dreifache Nazi-Übermacht von modernen Me-110-Kampfflugzeugen und schos-
sen drei Maschinen ab, erlitten aber selber keine Totalverluste.

Später blieben die Flieger zur Untätig-
keit verdammt: In falsch verstandener
Anpassung gab der Bundesrat den Dro-
hungen der Nazi-Führung nach und liess
durch General Henri Guisan den «Neutralitätsschutz in der Luft» für fast drei
Jahre verbieten.

Nach dem Aktivdienst flog die Fliegertruppe in ein Hoch. Bereits 1946 war
eine Kommission in England derart vom
Vampire DH-100, dem Düsenjäger der ersten Generation, begeistert, dass Dele-
gationsleiter Oberst Willi Frei in die
Schweiz telefonierte: «Den kaufe ich!» Jedenfalls wurden sehr rasch 175 Vampire
beschafft und zum Teil in der Schweiz zu-
sammengebaut. Die Ju-52 brachten in
abenteuerlichen Pendeleinsätzen die

700 Kilo schweren Vampire-Düsentrieb-
werke aus Grossbritannien nach Emmen,
zwei pro Flug.

Transportflüge dieser Art bildeten
jetzt die Hauptaufgaben der «Tanten»
oder «Grossmütter», wie die Ju-52 im
Volksmund genannt wurden. Ihre ur-
sprüngliche Aufgabe als «fliegende
Theoriesäle» für die Ausbildung von
Beobachtern fiel dahin, weil in den von
nun an eingesetzten Strahltriebwerk-
Kampfflugzeugen kein zweiter Mann
mehr notwendig war.

Dafür kamen neu Versorgungsflüge
hinzu. So brachten die Ju-52 im Lawinen-
winter 1951 in wochenlangen Grossein-
sätzen Lebensmittel, Post, Heu, Kleider,
Medikamente, Treibstoffe und Ersatz-
teile für Schneepflüge in die von der Aussenwelt abgeschnittenen Regionen des
Val Müstair, des Bedretto- und des Mag-
giatals.

In der Fliegertruppe gab es nach
einer kurzen Hoch-Zeit mit der Über-
nahme einer grossen Zahl von Vampire,
Venom DH-112 und Hawker Hunter – nur
getrübt von den missglückten Versuchen
mit der Entwicklung schweizerischer
Kampfjets – bald einen Dämpfer. Weil
die Beschaffer die französische Mirage
mit amerikanischer Elektronik zum Su-
pervogel ausbauen wollten, gerieten ihnen die Kosten aus dem Griff. 1964 schritt
das Parlament ein und strich die bereits
bewilligte Hunderterserie auf 57 zusammen. Fliegerchef Etienne Primault
musste den Abschied nehmen.

Die Ju-52, inzwischen 25 geworden,
überstanden die Jahre ohne grössere
Blessuren. Zuletzt transportierten sie die
Fallschirmgrenadiere und avancierten
zu Stars von Kriegs- und Unterhaltungs-
filmen, wie «Hunde, wollt ihr ewig leben?» oder «Die himmlischen Töchter»
mit der neckischen Ingrid Steeger. Im
Herbst 1981 wurden die drei Maschinen
aus der Dienstpflicht entlassen.

Sie fliegen auch 1989 noch, im Jahr
ihres fünfzigsten Geburtstags. Mit zivilen
Passagieren. Aber gesteuert von Militärpiloten, die sich nicht von den «alten Tanten» lösen können.

Englischer Habicht ersetzt Vampire

Bei der Beschaffung eines neuen Kampfflugzeugs wurden 1946 in der Fliegertruppe Befürchtungen laut: Der britische Vampire DH-100 sei derart «hochgezüchtet», dass man ihm kaum das Prädikat «miliztauglich» geben könne.

Falsch. Der erste Vertreter der Jet-Generation erwies sich nicht nur als Idealfall für schweizerische Milizpiloten und für den Einsatz im schweizerischen Gelände. Er blieb auch nach dem Ausscheiden aus den Frontstaffeln bis heute das Jet-Ausbildungsflugzeug für unseren Pilotennachwuchs.

Inzwischen genügt der Vampire für eine moderne Schulung allerdings längst nicht mehr. So wurde in einem aufwendigen Ausscheidungsverfahren 1987 ein neuer Jettrainer erkoren – ebenfalls ein Engländer: Der topmoderne Hawk (Habicht) von British Aerospace wird ab 1990 dem helvetischen Pilotennachwuchs für die Luft- und Erdkampfschulung zur Verfügung stehen.

Fiel aus der Wahl: Casa C-101, einmotoriger leichter Jet-Trainer aus Spanien.

Fiel aus der Wahl: Alpha-Jet, zweimotoriger Jet-Trainer aus Frankreich.

78

Zur Auswahl standen ursprünglich vier Kandidaten: neben dem Hawk der französische Alpha Jet, den die Akrobatikstaffel Patrouille de France fliegt, der italienische Aermacchi MB-339, den die nationale Kunstflugequipe Frecce Tricolori verwendet, und der spanische Casa C-101. Während der Aermacchi und der Casa wegen der schwächeren Flugleistungen in der Vorevaluation ausschieden, standen sich zuletzt der Hawk und der Alpha Jet von Dassault-Breguet ge-

genüber, die von Schweizer Piloten auch im heimischen Gelände erprobt wurden.

Das Rennen machte schliesslich der Hawk-Doppelsitzer, von dem zwanzig Stück (samt Logistik) zum Preis von 395 Millionen Franken gekauft werden.

Der einstrahlige Tiefdecker leistet bereits in zehn Ländern Dienst als Ausbildungsflugzeug. Er gilt als pilotenfreundlich, leicht manövrierbar, wirkt in der Luft agil und wirblig und schafft im Stechflug Mach 1,2.

Die britische Kunstflug-Neunerstaffel Red Arrows (Rote Pfeile) der Royal Air Force bewältigt ihr anspruchsvolles Programm mit dem Hawk – dasselbe will die Patrouille Suisse nach dem absehbaren Ausscheiden der Hunter tun.

80/81   Gewann 1987 die Wahl: Hawk (Habicht), einmotoriger Jet-Trainer aus England. Am Cockpitfenster die Sprengschnüre, die bei einem Notausstieg des Piloten das Dach wegsprengen.

Fiel aus der Wahl: Aermacchi MB-339, einmotoriger leichter Jet-Trainer aus Italien. Hier über der Lombardei nahe der Schweiz.

Aufwind
für die Prinzen
der Armee

Luftgefährte sind teuer. Deshalb kommen neue Modelle nicht häufig zur Truppe. Doch die «Prinzen der Armee», wie Ex-EMD-Chef Jean-Pascal Delamuraz die Piloten einst nannte, befinden sich zurzeit in einem Hoch – 1987 und 1988 waren richtige Flugjahre. Denn gleich drei verschiedene Typen moderner Lufttransportmittel wurden an die Truppe ausgeliefert oder sind bestellt.

Die Kommandanten von kombattanten Bodeneinheiten warteten längst schon auf einen Grosshelikopter, mit dem Lasten an Schlüsselstellen befördert und Truppen rasch verschoben werden können. Ein Typenentscheid wurde mangels Finanzen jedoch immer wieder hinausgeschoben.

Bis die französische Firma Aérospatiale ein grosszügiges Angebot unterbreitete: drei Grosshelikopter des Typs Super-Puma AS 332 M1 für insgesamt 46 Millionen Franken. So entschied sich der Bundesrat für den Super-Puma und

Kam 1987 zur Fliegertruppe: der französische Transporthelikopter Super-Puma. Hier bei der Übergabe des letzten der drei Kraftprotze i

gegen die drei ebenfalls evaluierten Baumuster: den Bell 214 ST sowie den Black Hawk UH-60A aus den USA und den britischen Westland WG-30.

Die drei zweimotorigen Super-Puma, die je achtzehn vollausgerüstete Soldaten transportieren können, kamen 1987 zur Truppe, «womit ein erster entscheidender Schritt zur Erhöhung der Lufttransportkapazität getan wurde», wie Divisionär Werner Jung, Chef Führung und Einsatz der Flieger- und Fliegerab-

wehrtruppen, bei der Übergabe in Emmen feststellte. In einem zweiten Schritt sollen zwölf weitere Super-Puma beschafft werden.

Die Fliegerabwehr, die 1987 ihre bejahrten achtzehn C-3605-Schleppflugzeuge wegen Triebwerkproblemen ausmustern musste, kann seit 1988 für Zieldarstellungen und Flüge mit angehängtem Schleppsack auf die Dienste zweier moderner PC-9-Turboprop-Maschinen der Pilatus-Werke Stans

zählen. Es sind Propellerflugzeuge, die aber wie Jets reagieren und mit zwanzig Metern pro Sekunde eine ausgezeichnete Steigleistung aufweisen.

Dieses jüngste Kind schweizerischer Flugzeugentwicklung würde sich – so überlegt man bei der Flugwaffe – auch fürs Tiefstflugtraining der Pilotenanwärter eignen. Der fliegende Nachwuchs hat zurzeit überhaupt eine Glückssträhne: Denn ab 1990 fliegt er ja den neuen Hawk-Jettrainer.

Kam 1988 zur Fliegertruppe: PC-9-Schleppflugzeug im Dienst der Fliegerabwehr.

Oktober 1987 im Flugzeugwerk Emmen.

Kommt 1990 zur Fliegertruppe: Jet-Trainer Hawk, hier über der Südküste Englands.

Ausverkauf von robust-heiklen Veteranen

Der Prototyp kam nicht weit. Beim Überflug der ersten C-3601 vom Herstellerwerk in Thun nach Dübendorf verlor die Maschine am 20. August 1939 wegen Flügelschwingungen beide Querruder und stürzte ab. Werkpilot Ernst Wyss rettete sich mit dem Fallschirm.

Wenige Monate später konnte ein zweiter Prototyp, die C-3602, heil der Fliegertruppe übergeben werden.

Das Baumuster C-36, ein moderner Ganzmetall-Tiefdecker der Konstruktionswerkstätte Thun, galt als bedeutende Entwicklung des Schweizer Flugzeugbaus und bildete in den vierziger Jahren eine starke Stütze der Fliegertruppe: 152 Maschinen der modifizierten Version C-3603 standen mit Aufklärer- und Erdkampfaufgaben bis 1952 im Einsatz. Vierzig dieser Zweisitzer wurden anschliessend als Zielflugzeuge (mit Windenvorrichtung für das Ausfahren des Schleppsacks) für die Richt- und Schiessausbildung der Fliegerabwehr umgerüstet.

Er ersteigerte eine C-3605 für 30 500 Franken: Aldo Corrieri aus Freienbach SZ.

Sie wurden 1981 versteigert: Schulflugzeuge P-2 der Pilatuswerke Stans.

1987 versteigert: C-3605-Schleppflugzeuge, hier

84

In den frühen siebziger Jahren mussten die alternden Kolbenmotoren durch moderne Turboprop-Triebwerke ersetzt werden. Dreiundzwanzig modifizierte Maschinen taten unter der Bezeichnung C-3605 bis 1987 Dienst bei der Flab.

So zuverlässig und robust die C-3605 auch war – die Starts und Landungen gestalteten sich laut Einschätzung der Piloten «schwieriger als mit einem Jet». Denn die Maschine neigte leicht zum Ausbrechen. Das musste der Bündner Haupt-

mann Walter Komminoth erfahren, dessen C-3605 beim Start auf dem Flugplatz Samedan plötzlich nach rechts abdriftete und knapp vor abgestellten Flugzeugen in einen Schneehaufen knallte.

Als 1987 immer mehr Probleme mit den Triebwerken auftauchten, entschloss man sich zur Liquidation der letzten achtzehn C-3605. Auf dem Tessiner Flugplatz Lodrino kamen sie im Dezember 1987 unter den Hammer und erbrachten einen Erlös von 231 500 Franken. Käu-

fer kamen selbst aus Grossbritannien und den USA.

Damit war eine historische Ära abgeschlossen: Das letzte in der Schweiz konzipierte und gebaute Kampfflugzeug verschwand vom Himmel.

Wenigstens als Militärmaschine. Denn obwohl die Triebwerke aus Sicherheitsgründen unbrauchbar gemacht worden waren, werden in absehbarer Zeit wohl einige der von Privaten ersteigerten C-3605 neu motorisiert aufsteigen.

eine Maschine über Zernez im Engadin. Links neben dem Zusatztank: Windenvorrichtung für das Ausfahren des Schleppsacks.

In der Not starten Tiger auf der Autobahn

Eine letzte Sicherheitskontrolle – Sprengung! Wie eine Fontäne spritzt Gestein hoch und prasselt wenig später donnernd zu Boden. Als der Staub sich verzieht, ist das Vernichtungswerk erkennbar: tiefe Trichter in der Piste. Eine Flieger-Geniekompanie hat die Startbahn eines Militärflugplatzes teilweise unbrauchbar gemacht.

Übungshalber. Schliesslich will auch die Wiederinstandstellung einer Piste realistisch trainiert sein.

So könnte es im Ernstfall tatsächlich aussehen: Die Stützpunkte sind samt Startbahnen nach einem Fliegerangriff zerstört, die Flugzeuge jedoch dank des Kavernenschutzes heil geblieben. Sie müssen vorübergehend auf Notpisten ausweichen – auf Autobahnen. Verschiedenenorts sind einige Teilstücke des Nationalstrassennetzes entsprechend vorbereitet. Bepflanzte Mittelstreifen fehlen, und demontierbare Drahtseile ersetzen die üblichen Leitplanken.

Die Startbahn eines Militärflugplatzes wird realistisch gesprengt...

...damit die Flugplatz-Geniekompanie die Instandstellung praktisch üben kann.

Inzwischen benützen die Kampfflugzeuge eine

Doch Starts und Landungen auf Nationalstrassen erfordern spezielle Steuerkünste. Ungewohnte Hindernisse wie Bäume und Hochspannungsleitungen irritieren die anfliegenden Piloten. Zudem sind die Behelfsstrecken mit ganzen vierzehn Metern kaum halb so breit wie normale Pisten. Die Piloten müssen deshalb beim Start zentimetergenau in der Strassenmitte rollen. Mehr als minimale Abweichungen von der Ideallinie liegen nicht drin.

Und dann gilt es Strassenbrücken zu unterqueren, was vor allem beim Starten heikel ist: Der Pilot muss den Jet bis zur Abhebegeschwindigkeit beschleunigen, ihn aber noch mit Gewalt unter der Brücke auf den Asphalt drücken – dann blitzschnell den Steuerknüppel anziehen und mit Tempo 260 knapp über den Baumwipfeln hochsteigen.

Entsprechende Übungen können in Friedenszeiten jedoch längst nicht mehr auf allen vorbereiteten Teilstücken

durchgeführt werden. Auf der N 1 im Kanton Solothurn etwa – winkt die Autobahnpolizei ab – sei es undenkbar: Würde man die Hauptschlagader des schweizerischen Strassenverkehrs für einige Stunden sperren, wäre das Verkehrschaos selbst bei optimal ausgeschilderten Umleitungen perfekt.

88/89   Start eines Tiger F-5 auf der N 3. Verwirrend für den Piloten: die vielen Hochspannungsleitungen.

Notpiste. Hier rollen zwei Tiger F-5 aus ihren Kavernen zum Start auf die Nationalstrasse N 8 bei Alpnach.

Evaluation eines Erdkämpfers «übungshalber»

Zwar hing der Himmel 1962 nicht gerade voller Geigen, aber voller Flugzeuge. Die Fliegertruppe besass eine beeindruckende Zahl von über fünfhundert Kampfmaschinen: 175 Vampire, 250 Venom, 100 Hunter. In Aussicht standen ferner hundert Mirage-Hochleistungsjäger.

Da machte sich im Juni 1962 die «Neue Zürcher Zeitung» für ein neues Erdkampfflugzeug stark. Daraus wurde ein zehnjähriges Seilziehen, das 1972 mit einem Eklat endete.

Mit der bevorstehenden Einführung der Mirage-Jäger, so wurde der Ruf nach einem Erdkampfflugzeug begründet, sei eine Aufgabe nicht gelöst: die Ersetzung «unserer total veralteten und obsoleten Vampire-Flugzeuge, der auch schon überholten Venom und der in nur geringer Zahl vorhandenen Hunter».

Die Notwendigkeit «einer ansehnlichen Zahl von Schlachtflugzeugen zur Unterstützung der Erdtruppen» (so die NZZ) war nicht bestritten, und der Bun-

Opfer des Nullentscheids 1972: Mirage V Milan, Erdkampfflugzeug aus Frankreich.

Opfer des Nullentscheids 1972: Corsair A-7, Erdkampfflugzeug aus den USA.

Die Tiger F-5 füllten die entstandene Lücke:

desrat wollte dafür 1,3 Milliarden Franken ausgeben. Zur Auswahl standen neun Kandidaten, darunter der Fiat G-91, die schwedischen Saab-Muster Draken J-35 und Viggen AJ-37, die Mirage-Versionen V Milan und III E, später auch der amerikanische Corsair A-7 und der britische Harrier-Senkrechtstarter. Im August 1969 entschied der Bundesrat, dass der Fiat G-91 Y und der Corsair A-7 in der Schlussevaluation ständen und der Mirage V Milan eine Reserveposition einnehme.

Die Firma Breguet-Dassault schaffte es, dass aus der «Reserveposition» ein Fixplatz wurde und sich zuletzt der Milan und der Corsair gegenüberstanden.

Es wurde ein Schattenboxen. Denn im September 1972 gab der Bundesrat seinen «Nullentscheid» bekannt: Verzicht auf eine Beschaffung. Offizielle Begründung: kein Geld. In Wahrheit jedoch war der Corsair dem Milan überlegen. Aber der Bundesrat wollte mit der Ablehnung des Milan die Franzosen nicht verärgern.

Der Fliegerchef, Korpskommandant Eugen Studer, sprach von einem «Scherbenhaufen» und trat wenig später verärgert zurück.

Es begann eine hektische Suche nach einem Ausweg aus der Krise. Zuerst wurden sechzig Hunter-Occasionen beschafft, dann 110 leichte US-Jäger F-5.

92/93 Fiel 1988 aus der Kampfflugzeug-Evaluation: Mirage 2000, hier über Vevey. Rechts am Cockpit: Stutzen für die Luft-Luft-Betankung.

Übergabe der ersten Maschine im Oktober 1978 in Anwesenheit von EMD-Chef Rudolf Gnägi (Mitte) auf dem Flugplatz Meiringen.

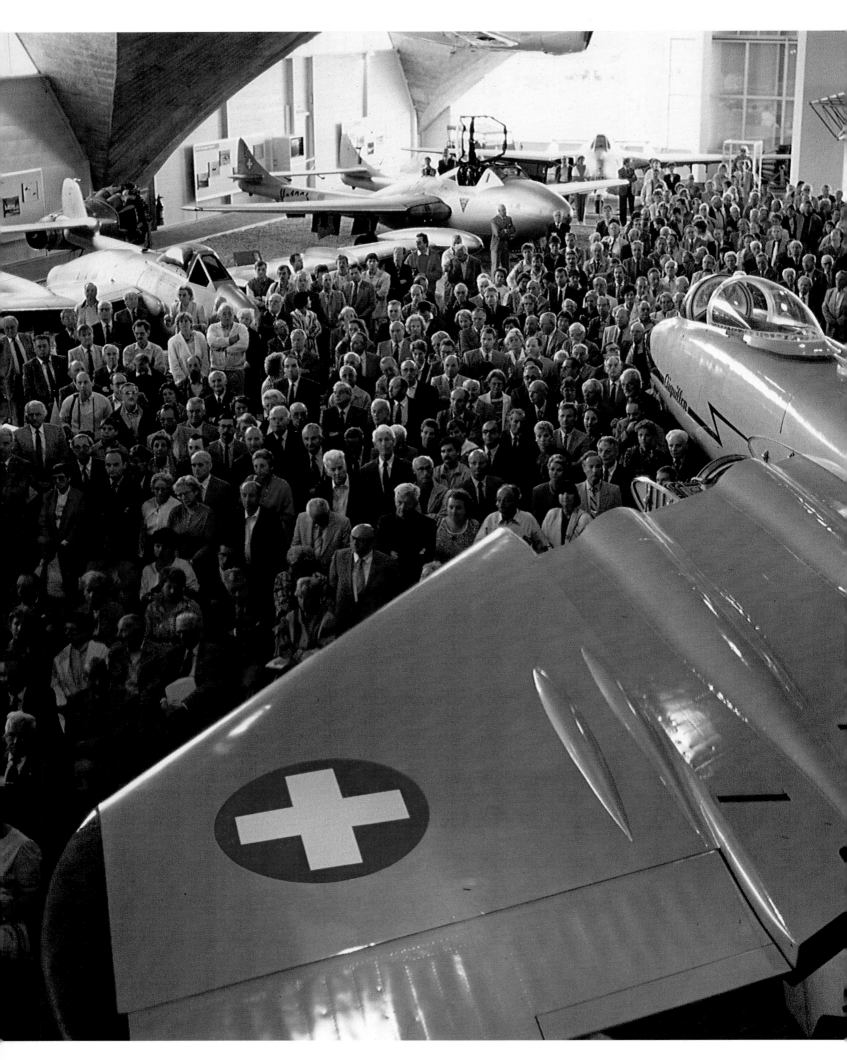

75 Jahre Militärfliegerei unter einem Dach

Seine Deltaform machte ihn elegant, und die vier Strahltriebwerke in den Flügeln sorgten für internationale Beachtung. Der N-20 Aiguillon, der Wespenstachel, war eine Eigenentwicklung der Flugzeugwerke Emmen, gebaut 1948 bis 1953, und galt als höchst moderner Abfangjäger und Erdkämpfer.

Tatsächlich war es eine kühne Leistung der staatlichen Flugingenieure in Emmen, schon kurz nach dem Durchbruch der Strahltriebwerkstechnik einen schweizerischen Kampfjet zu konstruieren. Die Idee war wahrscheinlich zu kühn – jedenfalls würgten helvetische Politiker das Projekt ab. Offizielle Begründung: zu wenig Schubleistung.

Heute steht der Aiguillon-Prototyp unübersehbar im neuen Museum der Schweizerischen Fliegertruppen auf dem Flugplatz Dübendorf und zeugt vom Ende der eidgenössischen Kampfflugzeug-Industrie. Nur wenig später war nämlich auch der von den Flugzeugwerken Altenrhein am Bodensee privat entwickelte P-16 gebodigt worden. Gewisse Militärs hatten die Auffassung vertreten, die Bekämpfung gegnerischer Jäger könne der terrestrischen Fliegerabwehr überlassen werden. Diese (falsche) Einschätzung und die Tatsache, dass zwei P-16-Prototypen in den Bodensee gestürzt waren, führten zum Aus für den P-16. Ein dritter Prototyp steht ebenfalls im Fliegermuseum – direkt neben seinem Rivalen und Vorläufer N-20.

Ausser diesen beiden helvetischen Top-Modellen wird unter der modernen Kuppelhalle ein fast kompletter Satz aller Flugzeuge gezeigt, die seit 1916 bei der Schweizer Fliegertruppe im Einsatz standen. Zu erwähnen ist vor allem die Haefeli DH-1, 1916 als erste Maschine in unserem Land entwickelt, ein Doppeldecker, der wegen seiner ungewöhnlichen Bauweise (der Propeller drehte hinter den Tragflächen) gefährlich zu fliegen war. Die Seniorenwerkstätte des Bundesamts für Militärflugplätze hat den nun ausgestellten DH-1 in 12 000 Arbeitsstunden originalgetreu nachgebaut.

Auch die Maschinen aus der Zeit des Zweiten Weltkriegs – die Dewoitine D-27 etwa und die Messerschmitt Me-109 E, die C-35 und die Morane – sind originalgetreu restauriert und in den Farben ihrer Einsatzepoche bemalt. Aus neuerer Zeit beeindruckt die erste in der Schweiz eingetroffene Mirage III C, mit der Testpiloten spektakuläre Flug- und Waffenversuche unternommen haben.

Neben den alten Kolbenmaschinen und Jets fasziniert vor allem die weltweit umfassendste Sammlung von siebzig Flugmotoren, aber auch die Sonderausstellung von Funk-, Übermittlungs- und Radargeräten aus verschiedenen Epochen.

Und wer einmal in Ruhe die Starts und Landungen auf einem Militärflugplatz erleben will – die Terrasse im Museum bietet einen hervorragenden Ausblick auf die Dübendorfer Piste.

Der neue Erweiterungsbau des Fliegermuseums wurde auf privater Basis finanziert und 1988 eingeweiht. Träger ist der «Verein der Freunde des Museums der Fliegertruppen». Die Ausstellung bietet einen Querschnitt durch 75 Jahre Schweizer Militäraviatik und gibt Auskunft über historische Hintergründe, beispielsweise das Engagement der Fliegertruppe im Zweiten Weltkrieg. Sie belegt eindrücklich die Notwendigkeit einer starken Luftverteidigung – wohl auch in Zukunft.

Eröffnung des neuen Museums der Schweizerischen Fliegertruppen im Juli 1988 auf dem Flugplatz Dübendorf. Im Vordergrund der N-20 Aiguillon aus Emmen, rechts der P-16 aus Altenrhein.

Grüner Porsche gegen roten Diaboli

Grüne und rote Flugzeuge huschen im Zickzack über den Bildschirm. Es rauscht und knistert im Lautsprecher. Eine Stimme warnt krächzend: «Porsche Eins. Sie haben einen Diaboli im Rücken. Fünfzehn Meilen.» Der Alarmruf kommt zu spät, denn von dem «roten» Flugzeug, das den «Diaboli» markiert, hat sich schon ein gelber Pfeil gelöst. Ein Blitz zeigt den Raketentreffer an. «Kill» schreibt eine Geisterhand in Grossbuchstaben. Ein Sargdeckel leuchtet auf.

«Dead» (tot) steht gnadenlos daneben. Ein Name folgt, der Name des Piloten, dessen «grüne» Maschine gerade der Rakete des «roten» Diaboli zum Opfer gefallen ist.

Der Mann, der vor dem Monitor steht, drückt auf einen Knopf. Das Bild kippt um, gewährt plötzlich einen Blick aus dem Cockpit des «roten» Jagdflugzeugs vom Typ Tiger F-5. Am Horizont zeigt sich schemenhaft eine «grüne» Mirage III S. Auch hinter diesem Flugzeug jagt eine

Fremdartige Umgebung für Schweizer Piloten: Früchteverkäufer auf Sardinien.

Vor dem Abflug zum Training auf Sardinien: die erste Pilotenequipe 1985.

Eine Mirage III S kurz nach dem Start in Payern

Rakete her: «No Kill», notiert die Geisterhand und fügt hinzu: «Ziel ausserhalb Reichweite.»

An dieser Stelle müsste im Spielsalon wohl ein Fränkler eingeworfen werden, um weiterspielen zu können. Doch der Luftkampf, der auf dem Monitor gezeigt wird, findet wirklich statt: Die Jagdmaschinen, die einander im Überschalltempo umkreisen, sind echt. Lediglich die Raketentreffer werden vom Computer simuliert.

Seit 1985 trainieren schweizerische Berufs- und Milizpiloten jährlich zwei Wochen auf der Ausbildungsbasis Decimomannu auf Sardinien. Hier können sie über dem Mittelmeer Einsätze fliegen, die zu Hause nicht möglich sind: Überschalljagden im unteren Kampfbereich zwischen wenigen hundert und fünftausend Metern. Denn Flüge mit Mach 1 und mehr sind in der Schweiz aus Sicherheits- und Lärmschutzgründen nur oberhalb zehntausend Metern erlaubt. Erfah-

rungen aus dem Vietnam- und Nahostkrieg zeigen aber, dass Duellsituationen (Dogfights) kaum in diesen Höhen stattfinden.

In den tieferen Luftschichten verändert sich jedoch das aerodynamische Verhalten des Flugzeugs. Ausserdem ergibt sich durch die Überschallgeschwindigkeit eine ungewohnt hohe Zeitkompression, was die Lagebeurteilung des Piloten erschwert. Um diese anspruchsvolle Einsatzart realistisch üben

...ichtung Sardinien. Zwischen den Flügeluntertanks (silbrig) trägt der Jet einen Rumpfuntertank mit zusätzlich 1100 Liter Treibstoff.

zu können, weicht die Fliegertruppe deshalb auf die Basis Decimomannu aus. Fünfundzwanzig Kilometer nordwestlich der Hafenstadt Cagliari, in der Campidano-Ebene beim «zehnten Ort am Flusse Mannu», befindet sich eine der insgesamt nur sieben Ausbildungsstätten, welche über eine «Air Combat Maneuvring Instrumentation» (ACMI) verfügen, eine Luftkampf-Überwachungsanlage.

Es ist ein hochkompliziertes elektronisches System, das jede Flugsekunde auf einem Monitor im Kontrollzentrum genau überwacht. Der Computer speichert überdies jede Entscheidung des Piloten, so dass der Übungseinsatz nach der Landung auf dem Bildschirm wiederholt und analysiert werden kann. Das Elektronikgehirn ist sogar fähig, mehrere Flugzeuge gleichzeitig zu überwachen. Damit werden simulierte Luftkämpfe möglich, bei denen die einzige «Waffe» ein Sender unter der Tragfläche der Tiger und Mirage ist, der dem Rechner unbestechlich mitteilt, ob der Gegner getroffen wurde.

Eine Lenkwaffe wird überhaupt nie abgefeuert.

Anders dagegen in Schweden. Auch im hohen Norden trainieren helvetische Piloten den Luftkampf – hier aber können sie richtige Lenkwaffen gegen richtige, unbemannte Ziele auslösen.

In der Schweiz sind Luft–Luft- und Luft–Boden-Schiessen mit Kriegsmunition aus Sicherheitsgründen nicht mög-

Pilot Karl Heinzelmann birgt eine Sidewinder-Lenkwaffe, die er verschossen hat.

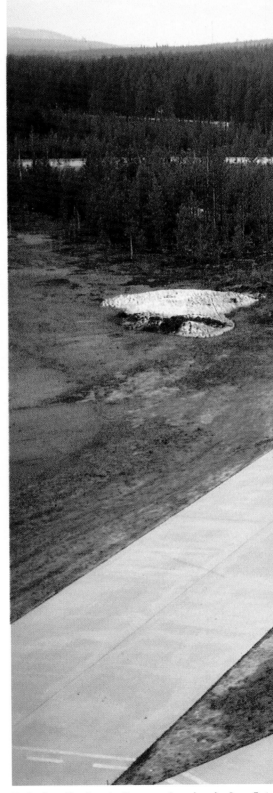

Ein ungewohnter Anblick für Schweizer Militärpiloten: flüchtende Rentiere.

Zwischenflugkontrolle an schweizerischen Jets

lich. Deshalb verschieben sich UeG- und Testpiloten alle vier, fünf Jahre für drei Monate auf die schwedische Lenkwaffen-Versuchsbasis Vidsel am Polarkreis. In diesem bewaldeten Gebiet von der Fläche des Kantons St. Gallen, nur von wenigen nomadisierenden Lappenfamilien mit ihren Rentierherden, von Elchen, Wölfen und Bären bevölkert, werden die taktischen Einsatzmöglichkeiten der Mirage- und Tiger-Bordkanonen sowie der Luft–Boden-Lenkwaffe Maverick er-

probt, mit der einige Hunter-Staffeln ausgerüstet sind. Die wirklichkeitsnahen Tests gelten aber vor allem der Wirksamkeit und Treffsicherheit der Radarlenkwaffe Falcon und der Infrarotlenkwaffe Sidewinder, die auf den heissen Abgasstrahl von Flugzeugen reagiert. Jeder Schuss wird mittels eines Elektronikpakets im Kopf der Lenkwaffe aufgearbeitet und überwacht: Pro Sekunde Flugzeit fallen 300 000 Informationen im Computer des Kontrollzentrums an.

Es sind teure Schüsse. Denn nicht allein die Lenkwaffen haben ihren stolzen Preis – auch die Ziele sind nicht billig. Es handelt sich um richtige schwedische Flugzeuge, unbemannte Drohnen, die mit Hilfe abwerfbarer Zusatzraketen in den Himmel katapultiert werden und dabei fast Schallgeschwindigkeit erreichen, bevor ihnen eine Lenkwaffe ein schnelles Ende bereitet.

Die Drohnen kosten pro Stück um die 100 000 Franken.

n schwedischen Sheltern. Auf der Basis Vidsel am Polarkreis können die Piloten Luft-Luft-Schiessen realistisch trainieren.

Der Hunter:
ein zuverlässiges
Schlachtross

«Bis jetzt rechnete man damit, dass ein Kampfflugzeug während rund zehn Jahren als frontverwendungsfähig angesehen werden kann. Diese Frist ist heute als äusserste Grenze zu betrachten.» Das schrieb 1957 der Bundesrat an die Bundesversammlung, als er um einen Kredit von 312 Millionen Franken zum Kauf von hundert britischen Kampfflugzeugen Hawker Hunter Mk 58 nachsuchte.

Ein Jahr darauf wurden die ersten Hunter der Truppe übergeben, wo sie bis heute im Einsatz stehen – aus den erwarteten zehn Jahren Fronttauglichkeit sind dreimal mehr geworden. Und es sieht so aus, als könnten einige Staffeln 1998 ihr 40-Jahr-Jubiläum feiern.

Zu den hundert Hunter kamen später sechzig Occasionen. Dank mehrerer Modifikationen ist der Veteran technisch noch gut tauglich, als taktisch-operationelles Kampfmittel jedoch veraltet.

102/103 Unterwegs zum bisher grössten Defilee, 1986 in Dübendorf.

Dreissig Jahre und noch nicht zu alt: Hunter über dem Vorderglärnisch.

Rechts: Kurzer Schlaf zwischen Hunter-Abdeckungen

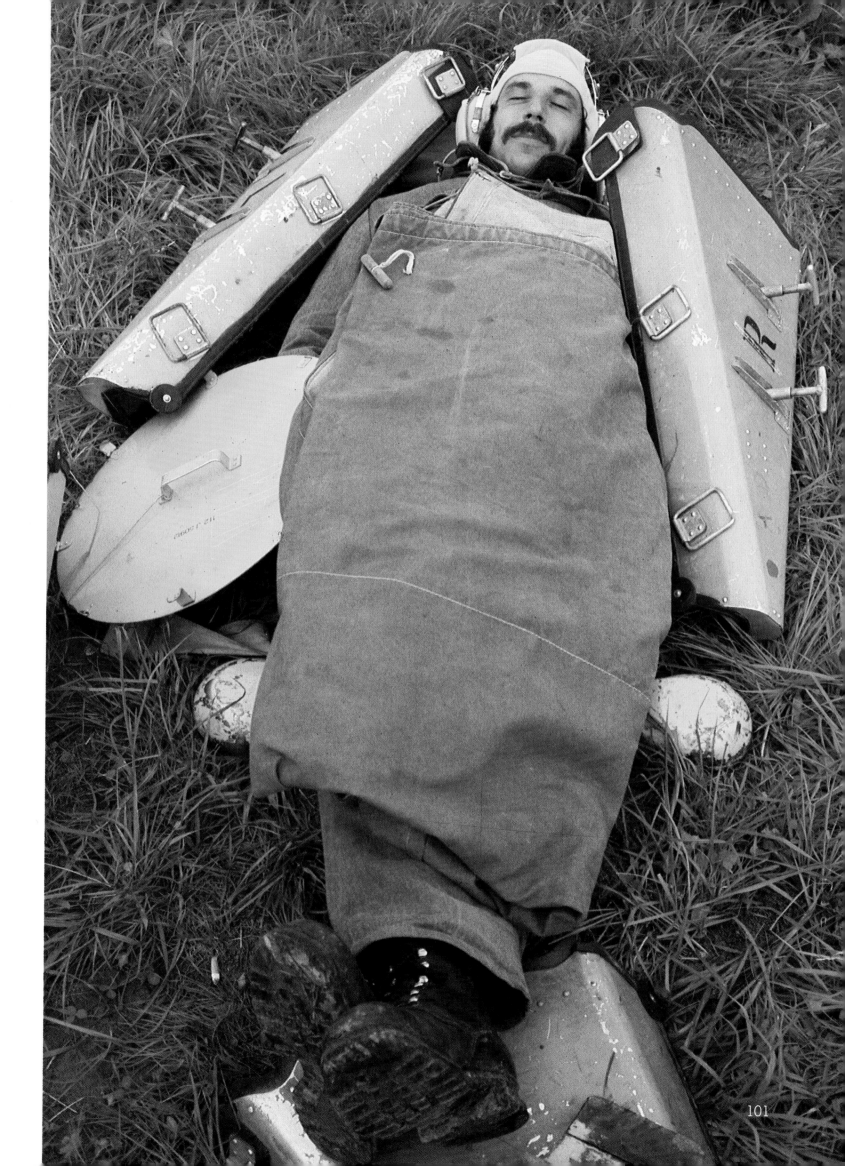

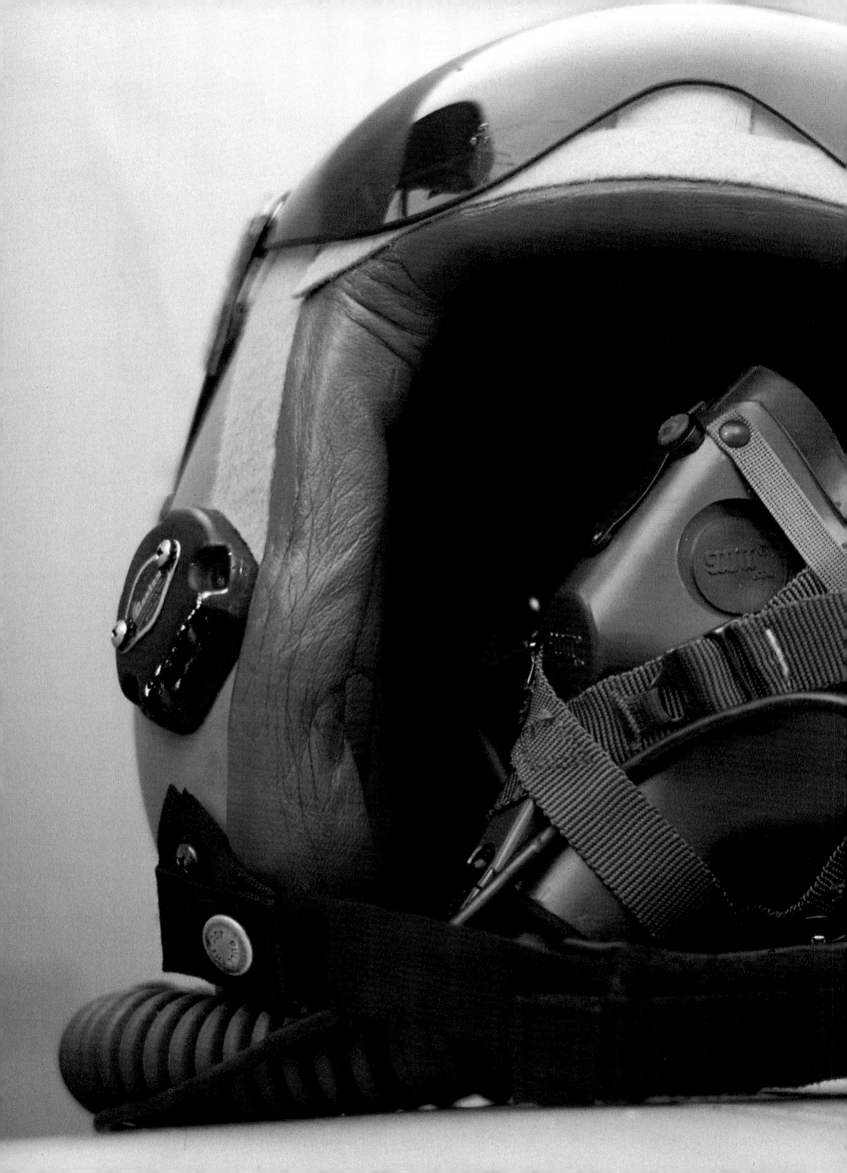

Von der Werkbank an den Steuerknüppel:

Militär- piloten im Porträt

Gegen aussen ist meistens die Technik im Gespräch. Vor allem bei Beschaffungen, nicht zuletzt auch in der Fliegertruppe. Doch es sind Menschen, die mit dieser Technik umgehen müssen. Es sind Menschen, genauer: Piloten, die bei ihrer Arbeit unter Helm und hinter Sauerstoffmaske verschwinden. Unter den 634 aktiven Militärpiloten haben 443 eine Milizeinteilung – weltweit eine Besonderheit. Das sind Männer, die einen Beruf als Computerspezialist, Landwirt, Arzt oder Mathematikprofessor ausüben und in der Fliegertruppe ebenso überzeugend Kampfjets, Leichtflugzeuge oder Helikopter steuern. Wer sind diese Männer?

Abfangjagd: Schneller als eine Gewehrkugel

Eigentlich hat Stefan Zigerli nichts gegen Uniformen. Sie begleiten ihn fast täglich, der elegante dunkelblaue Einreiher der Swissair mit den Co-Piloten-Streifen oder, weniger häufig, das grüne Kombi mit den Oberleutnantsabzeichen der Schweizer Fliegertruppe. Doch an seiner jetzigen Montur schaut er skeptisch hinunter. Zum Glück, sagt er, müsse er sie nur zweimal im Jahr tragen.

Stefan Zigerli sitzt in einer tarnfarbenen Mirage III S, eingepackt in einen unbequemen Druckanzug mit weissem Schutzleder und einen vollklimatisierten Astronautenhelm, der ihm kaum ein Kopfdrehen erlaubt. Er ist bereit für einen Abfangauftrag in der Stratosphäre, auf 20 000 Meter Höhe, dort, wo der Himmel dunkelblau, wo bereits die Erdkrümmung sichtbar und wo der Druckanzug für ihn lebenswichtig ist. Denn ohne ihn käme sein Blut in Sekundenschnelle ins Kochen, sollte aus irgendeinem Grund der Druck im Cockpit plötzlich abfallen.

Alarmstart! Die Mirage steht vorgewärmt in einem bombensicheren Unterstand auf dem Flugplatz Payerne. Während sich das Panzertor langsam öffnet, ein Traktor den Abfangjäger zur Piste schleppt und gleichzeitig die Akkus des Bordradars auflädt, macht Oberleutnant Zigerli die Maschine startklar, lässt das Triebwerk aufheulen und trifft die letzten Flugvorbereitungen. Er hat den Befehl, ein hoch in den schweizerischen Luftraum eingedrungenes Objekt abzufangen, zu interzeptieren, wie es im Pilotenjargon heisst.

Für den Berner mit Wohnsitz im zürcherischen Uster, geboren 1954, sind solche Missionen zwar nicht alltäglich, aber er hat sie schon mehrfach geübt. Er war fast sieben Jahre Militärberufspilot im Überwachungsgeschwader (UeG), bevor er zur Swissair abwanderte.

Aber er ist Mitglied der Mirage-Staffel 17 geblieben, in die nur aktive und ehemalige Militärberufspiloten eingeteilt werden. Denn es sind weiterhin die bald fünfundzwanzigjährigen, pilotagemässig anspruchsvollen Mirage-Mach-2-Jäger, welche die heikle und extrem fordernde Abfangjagd übernehmen. Sie gehören heute noch zu den schnellsten Kampfjets der Welt. Zudem wurden sie in den letzten Jahren einem aufwendigen Kampfwertsteigerungs-Programm unterzogen.

Im Cockpit einer Swissair-MD-81 (DC-9-81): Copilot Stefan Zigerli (rechts) und Captain Dieter Graf.

Hinter Zigerlis Mirage rollt auch die zweite Maschine mit seinem Staffelkameraden Hauptmann Denis Baumann, einem UeG-Piloten, zum Start. Denn Abfangeinsätze werden grundsätzlich in Zweierpatrouille geflogen. Oberleutnant Zigerli nimmt über Funk die letzten Befehle betreffend Einsatzgebiet und Flugkurs entgegen, dann jagt er das Triebwerk auf Hochtouren, löst die Bremsen – die Mirage heult über die Piste und sticht nach 800 Metern mit zugeschaltetem Nachbrenner im 70-Grad-Winkel steil in den Himmel. Ganze zweieinhalb Minuten sind vergangen, seit der Alarm ausgelöst worden ist.

Auf 2000 Metern drückt Oberleutnant Zigerli die Nase seiner Maschine etwas flacher, sie steigt aber kontinuierlich weiter bis 11 000 Meter. Jetzt schaltet der Pilot den treibstoffschluckenden Nachbrenner aus. Die Mirage ist jetzt 1200 Stundenkilometer schnell – Überschall. Zehn Minuten sind seit dem Start vergangen. Zigerli befindet sich über der Ostschweiz. Die Autos auf der N 13 sind aus dieser Höhe nur mehr als winzige Pünktchen erkennbar. Draussen ist es 56,5 Grad unter Null. Der Pilot schwitzt in seinem enganliegenden Druckanzug.

Es war stets Stefan Zigerlis Wunsch gewesen, alle Seiten der Fliegerei kennenzulernen, die militärische mit ihren schnellen Einsätzen im Verband und die damit verbundene Tätigkeit als Fluglehrer, aber auch die zivile bei der Swissair

Bereit zu einem Flug in die Stratosphäre: Oberleutnant Stefan Zigerli im Druckanzug mit Astronautenhelm.

mit der verantwortungsvollen Aufgabe eines Flugzeugführers auf grossen Linienmaschinen.

Die Fliegerische Vorschulung hatte er auf dem Segelflugzeug absolviert, begann nach dem Gymnasium in Bern ein Elektroingenieurstudium an der ETH Zürich und trat nach der Brevetierung als Militärpilot, noch auf dem Venom-Uraltjagdbomber, ins UeG ein. Mit 29 Jahren, altersmässig zum letztmöglichen Zeitpunkt, wechselte er zur Swissair, wo er

heute als MD-81-Copilot (DC-9-81) eingesetzt ist. Ihm gefalle die Arbeit in den Cockpits der Swissair-Verkehrsflugzeuge, sagt er, und es klingt in seinem gemütlichen Berner Dialekt absolut überzeugend. «Aber genauso gern», fügt er an, «trage ich zwischendurch das grüne Kombi.»

Der Jägerleitoffizier führt Oberleutnant Zigerli mit dem elektronischen Florida-Radarleitsystem immer näher an sein Ziel heran. Er fliegt jede Sekunde

600 Meter weit. Bei diesem Tempo hätte der Pilot keinerlei Chance, wenn er den «Diaboli», wie der Gegner in der Fliegersprache heisst, auf eigene Faust suchen müsste. Vom Boden kommt der Angriffsbefehl: «Diaboli im Raum Thusis.» Das eingedrungene Flugobjekt prescht sechs Kilometer höher in der Stratosphäre mit Mach 1,5 westwärts.

Um dem Ziel in der dünnen Luft folgen zu können, die das Strahltriebwerk kurzatmig macht, benötigt die Mirage jetzt zusätzlichen Schub. Denn während die gut neun Tonnen schwere Maschine am Boden sechs Tonnen Schub entwickelt, sind es auf 12 000 Metern nur noch anderthalb. Stefan Zigerli schaltet deshalb kurzfristig sein Sepr-Raketentriebwerk zu, den Booster, und jetzt verdoppelt sich der Schub schlagartig. Das Schub-Gewicht-Verhältnis, das relevante Beschleunigungsmass in der Fliegerei, ist jetzt besser als bei einem modernen Jäger vom Typ F-16 oder F/A-18. Stefan Zigerli: «Der Sepr wird immer dann zugeschaltet, wenn innerhalb kürzester Zeit hohe Überschalltempi erreicht werden müssen.»

Das Sepr-Raketentriebwerk arbeitet mit einem Gemisch aus 60 Litern Petrol und 300 Litern giftiger Salpetersäure als Sauerstoffträger, die rückstandsfrei verbrennt. Damit kann der Pilot nicht nur sein Tempo beschleunigen – beispielsweise in zwei Minuten von Unterschall auf 1,6 Mach –, «er kann auch davonrennen», wie Stefan Zigerli scherzhaft formuliert.

Und das ist mitunter notwendig. Denn aus dem Sepr-Triebwerk züngelt eine sechs Meter lange und 2800 Grad heisse Flamme, die den Jet zu einem ideal beleuchteten Infrarotziel für jeden Gegner macht. Also wird der Sepr jeweils in mehreren Intervallen während nur weniger Sekunden – insgesamt knapp anderthalb Minuten – gezündet.

Zigerlis Mirage ist jetzt 1,6 Mach schnell und klettert auf 18 000 Meter Höhe. Sie ist schneller als eine Gewehrkugel. «Du glaubst, du hockst auf einer Rakete», sagt er. Ihm liegen solche Einsätze. Er liebt das Tempo, die schnellen Entschlüsse, die «Hot missions», wie er sie nennt. Während Zigerli via Florida-Führungssystem («Ziel 30 Grad links, Distanz 70 Kilometer») immer näher ans Objekt herangeführt wird, sieht er es wenig später auf seinem Bordradar in vierzig Kilometer Entfernung vor sich. Sein Puls geht schneller. Er ist ganz Konzentration. Er weiss, er darf jetzt keine Fehlmanipulation machen. «Du musst das Ziel auf dem Bordradar sehr genau ansteuern», sagt Stefan Zigerli. «Und Kor-

Mirage III S mit Lenkwaffen, Flügeluntertanks und Sepr-Raketentriebwerk (Mitte).

rekturen innert Sekundenbruchteilen ausführen – sonst siehst du alt aus. Denn bis du ein zweites Mal in Schussposition bist, ist der Kerl verschwunden.»

Mit einem weiteren kurzen Sepr-Stoss schiebt Zigerli seine Mirage noch näher an den Diaboli heran, bringt sich mit einem akrobatischen Manöver in Position und löst aus wenigen Kilometern Entfernung, leicht nach unten versetzt, die Falcon-Radarlenkwaffe aus, selbstverständlich supponiert. Dann dreht er ab. Seine «Hot mission» ist beendet. Er muss zum Stützpunkt zurück. Er war zwanzig Minuten in der Luft und hat 2500 Liter Treibstoff verbraucht. Ob er sein Ziel getroffen hat, zeigt später die Filmauswertung.

Doch nicht immer enden solche Missionen mit einem Lenkwaffeneinsatz. Gerade zu Beginn eines Neutralitätsschutzfalls, den vor allem die Fliegertruppe tragen müsste, käme als erstes der luftpolizeiliche Auftrag der Identifizierung eines widerrechtlich in den Schweizer Luftraum eingedrungenen Objekts. Dann würde es gegebenenfalls zur Landung gezwungen, und erst wenn es diesen Befehl nicht befolgen würde, kämen die Waffen zum Einsatz.

All diese Manöver müssen in Friedenszeiten geübt werden. Die rasende Abfolge der Ereignisse ergibt in Kombination mit der körperlichen Höchstbelastung eine Situation, welche nicht zu simulieren ist. Der Pilot kann sie nur nach realitätsnaher und zielgerichteter Schulung meistern. Weil jedoch Hochgeschwindigkeitsflüge mit dem unangenehmen Überschallknall verbunden sind, stehen solche Einsätze heute aus Lärmschutzgründen nur noch während vier Wochen pro Jahr auf dem Programm. Und ausserdem kam die Fliegertruppe von den festgelegten Überschallschneisen wieder ab; jetzt wird der – immer seltenere – «Double bang» nach dem Zufallsprinzip über die ganze Schweiz verteilt.

Stefan Zigerli spürt nach den zwanzig Minuten Hocheinsatz die konzentrierte Anspannung. Es war pilotagemässig eine schwierige Mission.

111

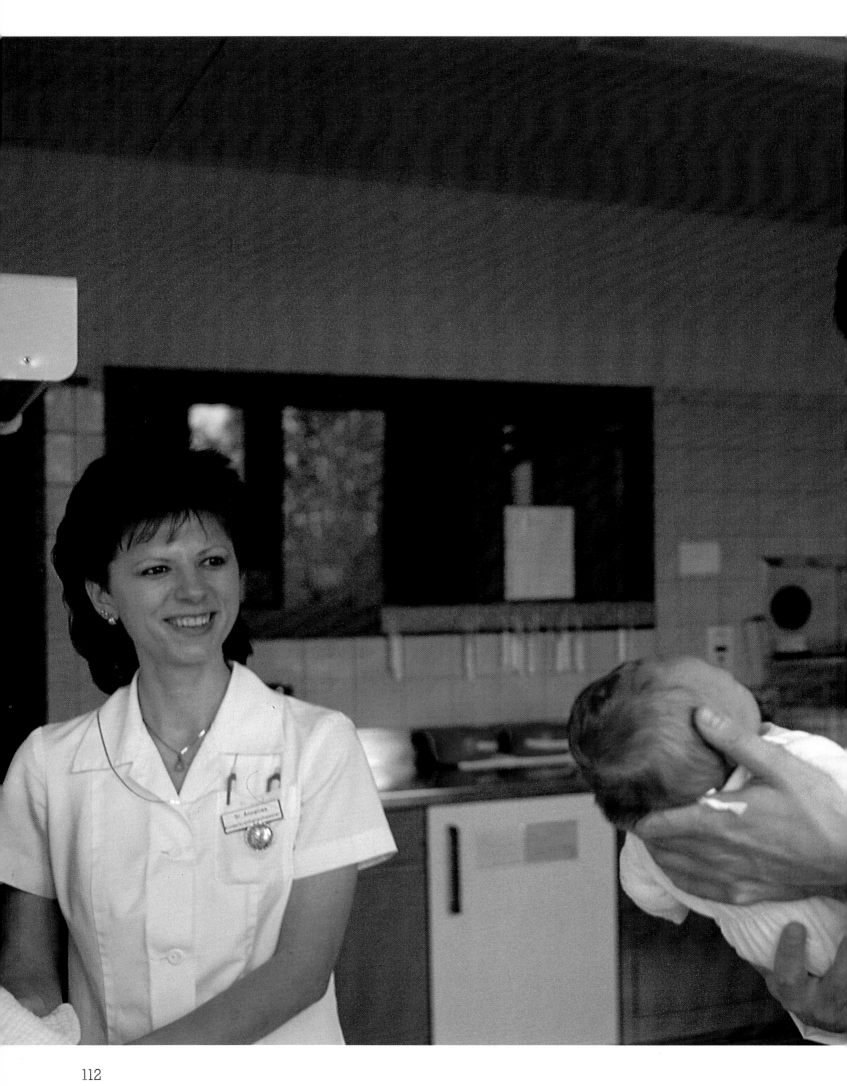

Geburtshelfer und Tiger-Pilot

Sein Berufsziel kannte er schon als Bub: «Für mich kam nur Chirurg oder Pilot in Frage.»

Daniel Benz ist beides geworden.

Genauer: Arzt mit chirurgischer Ausbildung und Militärpilot auf dem Tiger-F-5-Raumschutzjäger.

Dass er sich in irgendeiner Form der Fliegerei verschreiben würde, war für den Klotener Daniel Benz, geboren 1957, sozusagen Familientradition: «Schliesslich arbeitet mein Vater bei der Swissair.» Warum aber der Wunsch nach einem Medizinstudium? «Ich war mir als Jugendlicher lange unschlüssig, ob ich nicht Linienpilot werden möchte. Schliesslich entschied ich mich für die Medizin.»

Daniel Benz schloss sein Medizinstudium an der Universität Zürich ab, übernahm darauf eine Assistenzstelle in der chirurgischen Abteilung des Kantonsspitals Baden und später in der gynäkologischen Abteilung der Klinik Wetzikon im Zürcher Oberland. Heute ist er Assistenzarzt im Kantonsspital St. Gallen. Ob er sich zuletzt als Chirurg oder Gynäkologe etablieren will, hat Dr. med. Daniel Benz, verheiratet mit einer Kinderärztin am Kinderspital Zürich und Vater eines Buben, noch immer nicht entschieden: «Mit grosser Wahrscheinlichkeit wähle ich die Gynäkologie.»

Wenn auch die Geburtshilfe und die Fliegerei sowohl schnelle Entscheidungen wie hohe Konzentration erfordern, so sei doch in der Luft die körperliche Belastung enorm: «Der Pilot muss die anfallenden Informationen aus dem visuellen Bereich, dem Bordradar und den Funkinformationen möglichst effizient in ein Kampfkonzept umsetzen.» Dabei pressen ihn Beschleunigungen bis zu 7 g, also das siebenfache Eigengewicht, in den Sitz: Ein – im Luftkampf notwendiges – Kopfdrehen beispielsweise wird dann zum Kraftakt. Daniel Benz: «Tiger-Piloten klagen deshalb häufig über Nacken- und Rückenschmerzen.» Speziell entwik-

Gynäkologe Dr. med. Daniel Benz mit Schwester Anneliese Bösch im Spital Wetzikon. Das Baby ist zwei Tage alt.

113

kelte Turnübungen sollen diesen Abnützungserscheinungen entgegenwirken.

Seine Pilotenausbildung hatte Daniel Benz 1978 mit der Brevetierung auf dem Venom DH-112 abgeschlossen. Anschliessend schulte er zuerst auf den Hunter-Jagdbomber, dann auf den Tiger-Raumschutzjäger um und leistet heute in der Staffel 13 seinen Flugdienst als Milizpilot, fünfzig Stunden im Jahr.

Genügt das für einen Kampfpiloten? «Ja, dank unserem praxisnahen, moder-nen Ausbildungskonzept. Wir stehen im Vergleich zu den ausländischen Profis nicht sehr weit zurück.» Und fünfzig Flug-stunden seien fast hundert Starts und Landungen, denn bei Luftkampfübun-gen befinde man sich ja nur eine gute halbe Stunde in der Luft.

Ob er die Dogfights liebe? «Sagen wir so: Ich fühle mich vom Kampf Mann gegen Mann, Maschine gegen Maschine herausgefordert.» Speziell anspruchs-voll ist dabei das «Triple-One», bei dem drei Flugzeuge gegeneinander antre-ten. Es sei ein heikles Manöver, mit häufig überraschendem Ausgang, sagt Daniel Benz: «Du entscheidest dich in der Luft, einen der beiden Gegner an-zugreifen, manövrierst dich mit Hilfe der Bodenleitstelle und des Bordradars so, dass du ihn im Fadenkreuz des Zielge-räts hast – dann kann es passieren, dass plötzlich der dritte auftaucht und dich ab-schiesst.» Über die Treffer gibt später der Film Auskunft, der von den Bord-

Flugbesprechung der Tiger-Piloten auf dem Flugplatz Dübendorf. Sitzend, zweiter von rechts: Oberleutnant Daniel Benz.

kameras in den Flugzeugen aufgenommen worden ist.

Gerade für die Dogfights findet Oberleutnant Benz den zweistrahligen Tiger F-5 ideal: «Er ist pilotenfreundlich und dank seiner einfachen Bedienung und präzisen Instrumentierung absolut militztauglich.» Schwachstellen freilich verschweigt er nicht: «Das Radar beispielsweise könnte besser sein.»

Doch grundsätzlich hat sich der Kauf der 110 Northrop-Tiger F-5 E/F, «dieses vorläufig letzte Kapitel einer glückhaften schweizerischen Flugzeugbeschaffung» (so die «Neue Zürcher Zeitung» 1985), als Idealfall erwiesen. 1978 waren die ersten Tiger in der Schweiz im Staffeldienst, und im März 1985 kam die letzte der im Flugzeugwerk Emmen zusammengebauten 110 Maschinen zur Truppe.

Inzwischen ist ein halbes Dutzend Tiger durch Unfälle verlorengegangen. Oberleutnant Benz ist da Realist: «Ich bin mir als Pilot des Risikos bewusst. Aber ich habe es ja weitgehend in meinen Händen. Abstürze sind zumeist auf menschliches Versagen zurückzuführen.»

Die Statistik sagt es genau: Weniger als zehn Prozent der militärischen Flugunfälle sind technisch bedingt.

116/117 Tiger-Doppelpatrouille nördlich von Alvaneu im bündnerischen Landwassertal.

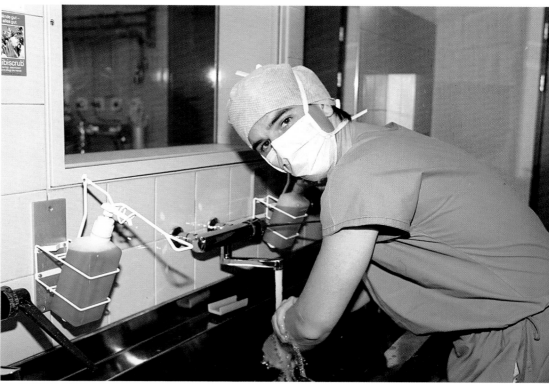

Daniel Benz: Im Kittel seines Arztberufs...

...und im Kombi eines Militärpiloten.

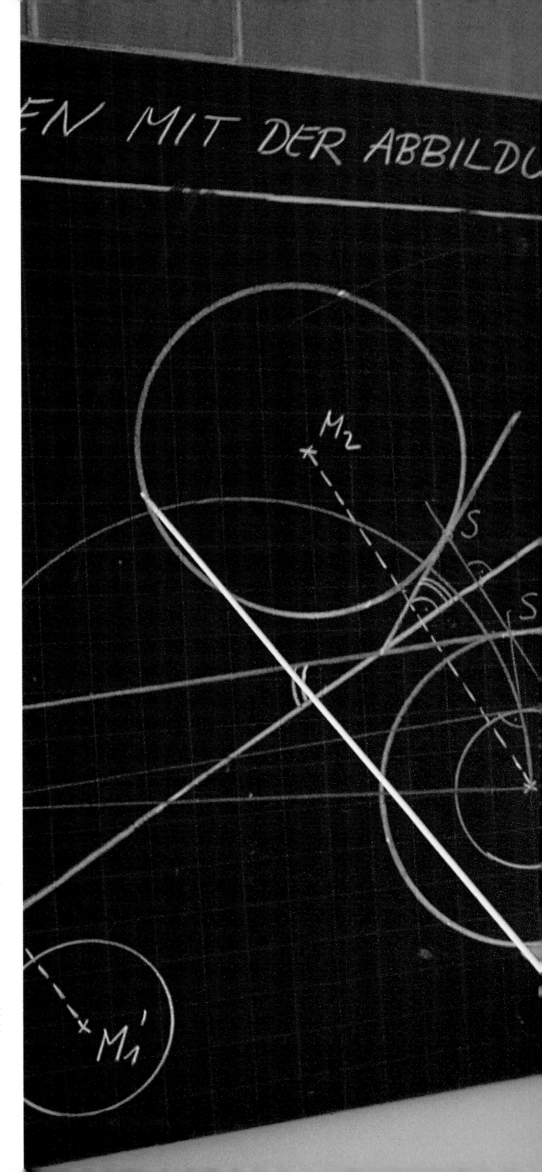

Der Mathematik-professor in der Pilotenkanzel

Er liebt die Klarheit im Leben, das reine Denken. Und so ist es durchaus logisch, dass sich der Solothurner Peter Fasnacht, geboren 1941, dem Reich der Zahlen zugewandt hat. Er studierte Mathematik an der Universität Zürich und vermittelt heute als Kantonsschullehrer in Olten seinen Mittelschülern die Wissenschaft der Mengen, Formen, Beziehungen und Strukturen, kurz: die Lehre von der reinen und angewandten Mathematik.

Aber das Bild vom einseitigen Zahlenmenschen schränkt er gleich ein: «Eigentlich wollte ich Dolmetscher werden. Denn auch Sprachen begeistern mich.»

Schliesslich siegte seine Begeisterung für die Fliegerei. Peter Fasnacht entschloss sich für ein Aerodynamik-Studium und absolvierte nach der Matura zuerst ein Praktikum im Flugzeugwerk Emmen. «Aber ich merkte bald, dass es in der Schweiz in dieser Sparte keine grossen Möglichkeiten gibt, und wandte mich der Mathematik zu.»

Mit Aerodynamik im weitesten Sinn hatte er später dennoch zu tun. Der nahe dem Flugplatz Olten aufgewachsene Peter Fasnacht war als Bub jede freie Minute bei den Fliegern und wusste bald: «Ich will Militärpilot werden.» Nach der Fliegerischen Vorschulung auf Segelflugzeugen und Piper-Motormaschinen wurde er in der Pilotenschule in Locarno-Magadino auf Bücker-Jungmann, Bücker-Jungmeister und Pilatus P-3, später auf Vampire DH-100 und DH-115, ausgebildet und 1962 auf dem Venom DH-112 brevetiert.

«Ich liebte dieses Flugzeug», sagt er rückblickend. «Es war eine unkomplizierte Fliegerei damals. Der Funk war unsere einzige Elektronik.» Doch im Kurvenkampf, erinnert er sich und freut sich darüber noch heute, «ist es manchem Venom-Piloten gelungen, selbst eine Mirage auszutricksen.»

Tausend Stunden flog Oberleutnant Fasnacht auf dem Venom, bis er 1979 mit

Mathematiklehrer Peter Fasnacht in seinem Schulzimmer in Olten.

38 Jahren die Frontstaffel 15 verlassen musste. Die DH-112, bereits zu jenem Zeitpunkt ein Veteran, blieb bis 1984 im Staffeldienst. Sie diente dreissig Jahre in der Fliegertruppe und hat damit eine bedeutende Epoche der Schweizer Flugwaffe entscheidend geprägt – zeitweise bestanden zwei Drittel der Frontstaffeln aus den Maschinen mit dem charakteristischen Gabelschwanz.

Oberleutnant Fasnacht blieb siebzehn Jahre mit dem Venom verbunden.

Dann trat er nach einem Umschulungskurs in die Leichtfliegerstaffel 7 ein, die mit ihren Pilatus-Turbo-Portern hauptsächlich die harten Männer der Fernspäh-Kompanie 17 (früher Fallschirmgrenadiere genannt) in die Höhe tragen.

Aber nicht nur. Im Ernstfall transportiert der unbewaffnete PC-6 Kampftruppen, Führungsorgane, Verwundete, Munition. Im Friedensdienst wird der Porter auch für Transporte zugunsten der Bevölkerung verwendet: für Bergungs- und

Versorgungseinsätze, in Not- und Katastrophenfällen. Doch die Hauptarbeit des Leichtfliegerpiloten gilt den Fernspähern. Die Aufklärungsspezialisten müssen zumeist im Schutz der Dunkelheit hinter den gegnerischen Linien abgesetzt werden. Wie orientiert man sich nachts? «Anhand von Wäldern, Seen und Ortschaften, mit Kompass und Uhr», sagt Peter Fasnacht. Das tönt so einfach. Doch es verlangt neben hohem fliegerischem Können selbständiges Denken und Han-

Peter Fasnacht als Kantonsschulprofessor vor seiner Klasse...

...und als Milizpilot mit Helm und eingebautem Bügelmikrophon im Flugzeug.

deln. Denn der taktische Auftrag enthält nur die Wetterlage und das Absetzgebiet der Fernspäher. Die ideale Route muss der Pilot selbst wählen.

Für heikle Einsätze ist der Pilatus-Turbo-Porter eine ausgezeichnete Plattform. Der Schulterdecker besitzt sehr gute Langsamflugeigenschaften, macht kaum Lärm und kann auf extrem kurzen Graspisten starten und landen. Der Treibstoffverbrauch liegt bei weniger als 170 Liter pro Stunde – der Porter kann bis zu sechs Stunden in der Luft bleiben.

So sehr auch Oberleutnant Fasnacht die Fliegerei liebt – ebensosehr schätzt Professor Fasnacht seinen Beruf. «Ich bin täglich mit jungen Menschen zusammen und kann die Mathematik mit all ihren Teilgebieten vermitteln.» Ausserdem lässt ihm die Schule Zeit für seine Hobbys, die er mit seiner Frau teilt: Reisen im asiatischen Kulturraum, die Pflege des Hauses im solothurnischen Kappel und die Arbeit mit den drei Hunden, einem Landseer, einem Pyrenäen-Berghund und einem Belgischen Schäfer. Die beanspruchen ihn stark. Bei den beiden Töchtern ist diese Zeit vorbei: Die eine studiert Medizin, die andere hat's als Swissair-Hostess in die Fliegerei verschlagen.

122/123 Hochabsprung von vier Fernspähern in Diamantformation. Am Steuer des Porters: Pilot Fasnacht.

Vor dem Start im Pilatus PC-6: Pilot Peter Fasnacht und Fernspäher Fabio De Angelis mit seiner gesamten Ausrüstung.

Die harte Ausbildung der Fernspäher

Auf der Suche nach sich selbst und aus Abenteuerlust, sagt Fabio De Angelis in Lugano, habe er sich zu den Fernspähern gemeldet. Vor allem aber wollte er möglichst häufig fallschirmspringen.

Gerade das war dann in der Rekrutenschule nicht der Fall: «Es gab wochenlang keinen einzigen Absprung.»

Fallschirmspringen ist für die Fernspäher nur ein Mittel zum Zweck. Ihren eigentlichen Auftrag erfüllen sie anschliessend am Boden. Denn das Tätigkeitsfeld des Fernspähers, wie der Fallschirmgrenadier heute heisst, ist gegnerisches Gebiet. Aus Pilatus-Porter-Flugzeugen, die im Schutz der Nacht bis zu hundert Kilometer hinter die Linien vorstossen, springen die Männer an ihren Gleitfallschirmen in Gruppen ab, mit dreissig Kilo Gepäck und Waffen, um dann per Funk Informationen an die Einsatzzentrale zu melden. Ihr Auftrag ist die Nachrichtenbeschaffung zugunsten der Armeeführung.

Fabio De Angelis als Maschineningenieur-Student an seinem Zeichnungstisch...

...und als Fernspäher (links) in voller Konzentration kurz vor dem Absprung.

Vier Fernspäher (zweiter von rechts: De Angelis

Es sind zähe, selbständig denkende und handelnde Männer, die für solche Aufgaben trainiert werden. Der Fernspäher muss mit primitiven Mitteln im gegnerischen Gebiet überleben und sich wieder zu den eigenen Linien durchschlagen können. Entsprechend unerbittlich ist die Ausbildung. «In den ersten vier Wochen der Rekrutenschule wurden wir psychisch und physisch fürchterlich geschlaucht», erinnert sich Fabio De Angelis. Und kein Vorgesetzter half,

wenn einer eine Krise hatte. Bewusst nicht. Dann zeigte sich nämlich, wie er extreme Situationen und Belastungen meisterte und wie sich Kameradschaft aufbauen konnte.

Dass nicht alle angehenden Fernspäher diesen Anforderungen gewachsen sind, zeigt die starke Selektion: Von 25 einrückenden Rekruten pro Jahr erreichen acht bis zehn nach 21 Wochen Ausbildung die Brevetierung. Später müssen die Fernspäher zusätzlich zum Wieder-

holungskurs einen einwöchigen Technischen Kurs und sechs Tage individuelles Training auf Zivilflugplätzen absolvieren.

Fabio De Angelis, Jahrgang 1967, Maschineningenieurstudent an der ETH Zürich, ist überzeugt, dass ihn die harte Fernspäh-Rekrutenschule («Wir mussten nach einer Woche Überlebenstraining praktisch ohne Nahrung 200 Kilometer marschieren») positiv verändert hat: «Ich bin selbstsicherer und ausgeglichener geworden.»

freien Fall. Das Flugzeug nähert sich dem Ziel in der Regel im Tiefflug, um vom gegnerischen Radar nicht erfasst zu werden.

Von der Fräsmaschine ins Hunter-Cockpit

Aus der bleiernen Wolkendecke stösst der Hunter wie ein Dolch blitzschnell hinunter ins tiefverschneite Tal. Attacco!

Mit 900 Stundenkilometern flitzt das Gelände unter dem Piloten vorbei. Am errechneten Geländepunkt zieht er seine Maschine aus dem Tiefflug hoch und kippt in Rückenlage über dem linken Flügel ab zum Angriff.

Jetzt, die entscheidenden Sekunden! Die Visiermarke des Zielgeräts muss genau ins Ziel passen. Das ganze Flugzeug ist in diesem Augenblick nichts weiter als eine Waffe. Mit feinen Steuerbewegungen bringt der Pilot Ziel und Visier zur Deckung, dann drückt er ab. Kaum hat er die Bombe ausgelöst, zieht er seinen Hunter in einer scharfen Rechtskurve in Rückenlage über die nächste Krete und taucht ab in die Deckung des gebirgigen Geländes.

Pilot Bruno Lehmann liebt solche Einsätze, die kriegsnahe Unterstützung der Erdtruppen mit Feuer, sozusagen als

«fliegende Artillerie», dieses Tief-über-Grund-Fliegen.

Vor allem das letztere.

Und das liegt wohl an seiner starken Verwurzelung zuhinterst im Emmental, wo die Menschen vom bäuerlichen Leben in der Enge geprägt sind.

Bruno Lehmann, geboren 1956, Maschinenmechaniker und Militärpilot aus dem bernischen Trub, ist immer seine eigenen Wege gegangen, hat mit bernisch sturer Hartnäckigkeit stets seinen Willen durchgesetzt: «Ich liess mich nie unter Druck setzen.» Der Emmentaler hat keine Sekundarschule besucht und ist trotzdem Militärpilot geworden. Er hat die Offiziersausbildung verweigert und ist dennoch ein vollwertiger und akzeptierter Hunter-Pilot in der Milizstaffel 7: «Bei der Arbeit mit meinen Staffelkameraden spüre ich nie, dass ich nicht Offizier bin.»

Warum auch? Adjutant-Unteroffizier Lehmann ist mit Leib und Seele Pilot, ein hervorragender, wie das Angebot seiner Vorgesetzten auf Eintritt ins Überwachungsgeschwader (UeG) beweist. Er hat abgelehnt: «Ich bin viel zu stark mit dem Emmental und meinem Geburtsort Trub verbunden. Ich wollte nicht in der Umgebung irgendeines Militärflugplatzes leben.»

Mechaniker Bruno Lehmann an der Fräsmaschine: Er bearbeitet Azetalharz für Wellenlager.

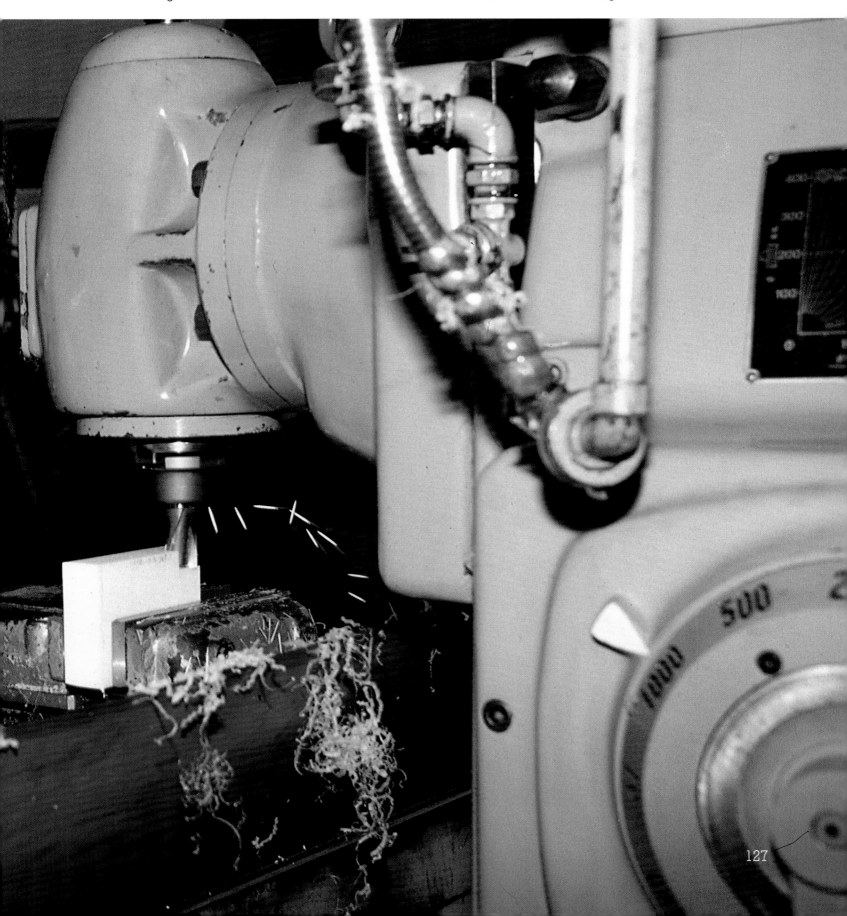

Das war ja stets sein Streben: Militärpilot werden und dennoch auf seinem Beruf in der engeren Heimat arbeiten können. Dabei war ihm durchaus klar, dass die Latte für den Pilotenberuf hoch liegt, dass er den intellektuellen Anforderungen womöglich nicht genügen könnte: «Ich war aber völlig unbelastet. Was hatte ich denn zu verlieren?»

Dass überhaupt ein junger Mensch aus jener Gegend den dringenden Wunsch verspürt, Militärpilot zu werden,

dort, wo die Strassen an den stotzigen Hängen enden und kein Weiterkommen mehr ist, das allerdings ist eine merkwürdige Geschichte.

Der Vater hatte in Trub ein kleines Reparaturgeschäft für Traktoren und Landmaschinen gegründet. Als Zwanzigjährigem waren ihm zufällig Pläne eines Hängegleiters in die Hände gefallen, und in der Folge baute er einen der ersten funktionstüchtigen Deltasegler der Welt. Die Begeisterung für die Fliegerei liess ihn

darauf nicht mehr los. Er wurde Segelflieger und dann Segelfluglehrer im nahen Thun.

Klar, dass sich Sohn Bruno vom Fliegerhobby seines Vaters anstecken liess, selber Modellflugzeuge baute und sich ebenfalls dem lautlosen Gleiten in der Luft ergab. Seine Schulausbildung endete nach neun Primarklassen – in die Sekundarschule ging er nicht: «Die war im acht Kilometer entfernten Langnau und wurde nur von den Kindern des Ge-

Adjutant-Unteroffizier Bruno Lehmann: Die ersten Checks und Manipulationen nach dem Einstieg in den Hunter-Jagdbomber.

meindeschreibers und des Prokuristen besucht.» Aber er hängte noch ein Weiterbildungsjahr an, bevor er seine Lehre als Maschinenmechaniker in Lauperswil begann.

Zu seiner eigenen Verblüffung überstand Bruno Lehmann sämtliche in der fliegerischen Vorselektion ausgelegten Fallstricke und durfte in die Pilotenschule Locarno-Magadino eintreten. Und selbst hier ging er konsequent seinen eigenen Weg: «Ich machte praktisch

jedes Wochenende den weiten Weg vom Tessin ins Emmental. Ich wollte für ein paar Stunden in meiner vertrauten Umgebung sein.»

1978 wurde Bruno Lehmann als Wachtmeister zum Piloten brevetiert, wehrte aber alle Versuche ab, ihn zur Offiziersausbildung zu bewegen: «Ich wollte kein militärischer Vorgesetzter werden.»

1979 kam Bruno Lehmann in die Venom-Staffel 9, ein Jahr später liess er sich auf den Hunter umschulen und trat in

die stark traditionsverhaftete Staffel 7 ein. Im Gegensatz zu manchen seiner Kameraden machte er später den Schritt zum Tiger-Raumschützer F-5 nicht mit: «Für viele ist eine Umschulung vom Hunter auf den moderneren Tiger eine reine Prestigeangelegenheit.»

Zwar leistet der Hunter schon über dreissig Jahre Dienst in der Schweizer Fliegertruppe und ist damit fast gleich alt wie Bruno Lehmann. Doch wie die allermeisten Hunter-Piloten ist auch er noch

Pilot Lehmann (rechts): Flugbesprechung mit Kamerad Claude Nicollier...

...und später im Hunter zum Start rollend (unter dem Flügel: Sprengbombe).

heute vorbehaltlos von diesem Flugzeug überzeugt: «Man fühlt sich von der ersten Minute an mit der Maschine verwachsen.» Die hervorragende Sicht ermögliche eine ausgezeichnete Luftraumüberwachung, und selbst im engsten Kurvenflug gebe es kein heimtückisches Überschlagen oder Engagieren.

Adjutant-Unteroffizier Lehmann ist sich natürlich klar darüber, dass der Hunter in Waffenstärke und Flugleistung einem modernen Gegner unterlegen ist.

Doch der Pilot kann sich im Gebirgskampf und im Voralpengelände dennoch behaupten, wenn er die vertraute Geographie ausnützt, zwischen engen Taleinschnitten durchschlüpft und im Schutz drohend naher Felswände den Gegner anfliegt: Wenn also der Pilot seine Maschine auch unter schwierigen Umständen durch und durch beherrscht.

Dass die Schweizer Hunter-Piloten entsprechend ausgebildet sind, bewies 1986 ein Staffelkamerad von Adjutant

Lehmann. Der Baselbieter Reto Seipel, damals Offiziersaspirant, sah sich nach dem Start vom Flugplatz Meiringen über dem Lungernsee mit einer Triebwerkpanne konfrontiert. Er kehrte sofort um und setzte in einer sauberen Direkt-Notlandung auf dem ohnehin heikel anzufliegenden Flugplatz Meiringen auf, wo er vom Fangnetz ohne Schaden abgestoppt wurde. Er habe mit «Mut und Übersicht die schwierige Situation gemeistert und dadurch ein Kampfflugzeug

gerettet», würdigte die Aviatikvereinigung «Pro Aero» Reto Seipels Verhalten.

Doch Hunter-Piloten sind keine Einzelkämpfer. Sie greifen in der Regel in Patrouille oder Doppelpatrouille an. Eine Hunter-Erdkampfstaffel mit ihrem grossen Arsenal an Bordkanonen, Bomben, Raketen und Luft–Boden-Lenkwaffen ist bezüglich ihrer Feuerkraft mit einer ganzen Artillerieabteilung vergleichbar. Dieser Feuersturm kann aber innert Minuten auf Ziele in einem Umkreis von Dutzenden, ja Hunderten von Kilometern verschoben werden.

Bruno Lehmann, dieser sympathisch-eigenwillige Berner Charakter, führt heute mit fünf Mechanikern und zwei Lehrlingen die vom Vater übernommene Mechanische Werkstätte in Trub, steht selber täglich an den Fräs- und Stanzmaschinen oder verkauft Traktoren: «Noch ist bei uns kein Kaufvertrag notwendig», sagt er stolz. «Der Handschlag gilt.»

Wenn er mit 42 Jahren die Hunter-Frontstaffel 7 verlassen muss, will er dennoch weiterhin Flugzeuge pilotieren können: «Ich möchte zu den Pilatus-Porter-Maschinen eingeteilt werden.»

Mit denen kann der schollenverbundene Emmentaler dann noch tiefer als mit dem Hunter dem Boden entlang fliegen. Auch über dem Emmental.

Landung der Hunter-Patrouille mit Bremsschirm.

Er will auf seine Pilotenkameraden heruntersehen

Der Weg ins All führt über die Nasa Road 1 aus einem Aussenquartier nach Houston (Texas). Es ist halb fünf Uhr früh, ein heisser Tag steht bevor. Der Fahrer des Sportvelos pedalt in scharfem Rhythmus, um pünktlich zum Schichtwechsel ins Weltraumlabor der National Aeronautics and Space Administration (Nasa) zu kommen. Der drahtige Mann mit den ersten grauen Strähnen ist Claude Nicollier, geboren 1944, aus La Tour-de-Peilz. Der Waadtländer hat einen der exklusivsten Berufe der Welt: Er ist Astronaut und der einzige Nichtamerikaner unter den achtzig Weltallkandidaten in den USA, der alle Tests und Prüfungen als Missionsspezialist geschafft hat.

Angetrieben von seiner «wissenschaftlichen Neugier, dem seit Kindheit gehegten Wunsch, einmal von oben auf die Erde herunterzusehen», und auch einem Quentchen Abenteuerlust hat sich der freigestellte Swissair-DC-9-Copilot Anfang 1975 als einer von zweitausend Interessenten aus elf westeuropäischen Ländern auf eine Stellenanzeige der Europäischen Weltraumagentur (European Space Agency) gemeldet. Gesucht wurden «Wissenschaftler für das Spacelab», das von der ESA konstruierte Weltraumlabor, die mit Space-Shuttle-Flügen auf eine Umlaufbahn um die Erde gehievt werden sollten.

Nicollier rechnete sich bei dem grossen Andrang wenig Chancen aus, obwohl er sich als Pilot genügend fit glaubte, um dem «körperlichen Stress im schwerelosen Zustand bei Erreichen der Umlaufbahn und der erneuten Belastung durch die Schwerkraft beim Wiedereintritt in die Erdatmosphäre» gewachsen zu sein.

Doch nach unzähligen, zwei Jahre dauernden Tests – auch unter simulierten Weltraumbedingungen – hatte Nicollier sein Ziel erreicht. Zusammen mit einem Holländer und einem Westdeut-

Astronaut Claude Nicollier im Druckanzug für «Spaziergänge» im Weltraum (Johnson Space Center, Houston, Texas).

133

schen wurde er in Houston gemeinsam mit acht Amerikanerinnen und neunundsechzig Amerikanern zum Astronauten geschliffen. Und anschliessend erhielt der Schweizer als einziger Nichtamerikaner die Zusatzausbildung zum Missionsspezialisten. Als solcher ist er nicht nur für die Bordsysteme (Kommunikation, Klima, Energie) der Weltraumfähre verantwortlich, sondern wird auch Weltraumspaziergänge unternehmen und Satelliten aussetzen. Er ist also ein vollwertiges Besatzungsmitglied, nicht nur Nutzlastexperte.

Nicolliers Einsatz in der «Mission 61 K» war auf August 1986 terminiert. Doch dann explodierte am 28. Januar 1986 über Cape Canaveral in Florida die Raumfähre «Challenger» mit sieben Astronauten an Bord – die grösste Katastrophe in der Geschichte der Raumfahrt.

Die Space-Shuttle-Flüge wurden gestoppt, Astronaut Claude Nicollier musste warten. Aber jetzt sieht er wieder

Land (oder besser Sterne): «Ende 1990 oder Anfang 1991 steht meine Mission auf dem Programm.»

Unterdessen feilt er weiter an seiner Ausbildung. Er besuchte 1988 eine Testpilotenschule in Grossbritannien und kommt regelmässig zum Hunter- und Tiger-Flugtraining in die Schweiz.

Denn Hauptmann Nicollier ist Milizpilot in der Fliegertruppe geblieben. Für ihn war es nie eine Frage: «Ich wollte meine Qualifikation als Jet-Pilot nicht ver-

Die 3000 Tonnen schwere und 110 Meter lange Saturn-V-Rakete der Nasa in Houston.

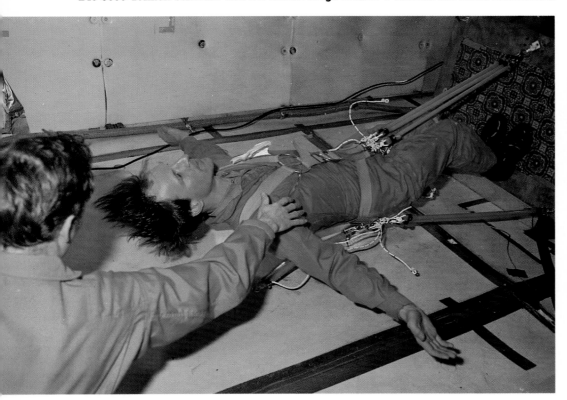

Astronaut Nicollier beim Schwerelosigkeitsexperiment in einem Transportflugzeug.

Hauptmann Claude Nicollier mit Staffelemblem

134

lieren.» Bei der Entscheidung des Auslandschweizers, der mit seiner mexikanischen Ehefrau und den beiden Töchtern in Houston lebt, spielte auch ein Schuss Patriotismus mit: «Ich glaube, die Schweizer Neutralität ist es wert, dass man sie verteidigt.»

So trainierte denn Claude Nicollier regelmässig seine vorgeschriebenen fünfzig Flugstunden im Jahr in der welschen Hunter-Staffel 2: «Dieses Training half mir auch bei der Astronautenausbildung in Houston. Und die Nasa-Kollegen waren höchst erstaunt, als ich ihnen erzählte, welchen Einsatz die Flugwaffe der kleinen Schweiz leistet.» Inzwischen hat sich Nicollier auf den Tiger-Raumschützer umschulen lassen und übt mitunter mit der welschen Staffel 6.

Doch ob nun Tiger oder Hunter – für Claude Nicollier ist vor allem wichtig, dass er fliegen kann. Ihn hatte es schon im Bubenalter mächtig nach oben gezogen. Der Sohn einer fünfköpfigen Familie bastelte damals nicht nur Flugmodelle, er guckte auch in die Sterne und fotografierte 1961, als Siebzehnjähriger, mit selbstgefertigten Objektiven eine Sonnenfinsternis. Da leuchtet ein, dass auf das Physikstudium in Lausanne an der Sternwarte der Uni Genf die Ausbildung zum Astrophysiker folgte. Thema der Diplomarbeit: die fotoelektrische Klassifikation von Riesensternen.

Nebenher lief, fast selbstverständlich, die Fliegerei. Zuerst im Militär und dann

der welschen Hunter-Staffel 2 und dem Shuttle-Abzeichen (rechts): Die 19 Sterne symbolisieren die 19 Astronauten von 1980.

bei der Swissair. Bis er dann den Sprung in den exklusiven Astronautenklub in Houston schaffte. Doch auch dort hat die Fliegerei einen wichtigen Platz: In White Sands, New Mexico, wird der Instrumenten- und Landeanflug statt mit der Raumfähre mit dem zweisitzigen Talon-T-38-Jet geübt. Und privat zeichnet Nicollier gelegentlich mit einer Kunstflugmaschine Loopings in die Luft.

Doch auch wenn er zum Vergnügen am Himmel herumkurvt, bleibt Nicollier beherrscht, rational. Bei ihm sind, so hat man den Eindruck, stets «all systems under perfect control» – auch die Gefühle. «Ja», bestätigt er nach kurzer Denkpause, «man muss in diesem Job als Astronaut lernen, kühl zu bleiben, in jeder Situation richtig zu entscheiden und Prioritäten zu setzen, wenn in kurzer Zeit verschiedene Aufgaben ausgeführt werden müssen.» Das sind, wie er hinzufügt, Anforderungen, die zum täglichen Brot eines Piloten gehören, und deshalb hält er sich auch mit Fliegen fit für den Auftrag im All.

Doch Nicollier ist ja nicht nur Pilot, sondern auch Astrophysiker. Und deshalb weiss er bis in Einzelheiten Bescheid, worum es bei seinem Raumflug 1991, der Mission Atlas 1 (*At*mospheric *L*aboratory for *A*pplications and *S*cience), genau geht. Die wissenschaftlichen Aufgaben umfassen Energiemessungen der Sonne, Untersuchungen der Atmosphäre und vor allem Erdbeobachtungen.

Pilot Claude Nicollier (rechts) mit Staffelkamerad auf dem Weg zum Flugzeug...

...beim Einstieg in den Hunter-Jagdbomber...

136

Es wird ein langer Einsatz hoch über seinen Kameraden der Staffel 6 sein: neun Tage in 250 Kilometern Höhe. «Ein Vorteil», meint Nicollier, «denn während der ersten zwei Tage sind viele Astronauten wegen der Schwerelosigkeit wie seekrank und nur bedingt einsatzfähig. Je länger der Flug, desto geringer ist dieses Handicap.» Der Flug ist freilich nicht nur lang: Mit Mach 26, das sind acht Kilometer pro Sekunde, ist er vor allem rasant. Eine Erdumrundung in neunzig Minuten, ein Schweiz-Überflug in dreissig Sekunden. Dass er sich trotz des Challenger-Unglücks in den Weltraum katapultieren lässt, ist für den Waadtländer keine Frage: «Sicherheit hat bei der Nasa inzwischen ein grösseres Gewicht als vor dem Unglück. Früher wurde, nicht zuletzt wegen des reichbefrachteten Flugplans, manches vernachlässigt.» Trotzdem, vor Pannen ist man auch bei schärfsten Sicherheitsvorkehrungen nie gefeit: «Wir Astronauten sind uns dessen bewusst, und wir haben ein gewisses Risiko zu akzeptieren. Ein Risiko, das auch ein Militärpilot bei jedem Start eingeht.»

Über seine weitere Zukunft macht sich Astronaut Nicollier nicht allzu viele Gedanken: «Während der nächsten vier bis fünf Jahre möchte ich in Houston bleiben – sofern mich die ESA nicht nach Europa ruft – und wenn möglich weitere Weltraumeinsätze mit dem Space Shuttle mitmachen.» Sein Wunsch: «Der bemannte Flug zum Mars!»

...und schliesslich in Patrouille unterwegs ins befohlene Einsatzgebiet (fotografiert aus dem Cockpit eines Hunter-Doppelsitzers).

Der Helfer,
der im Super-Puma
kommt

«Wir waren niemand mehr, nur eine Nummer.» Helikopterpilot Charles Bachmann amüsiert sich, wenn er an die Zeit in Fort Rucker im US-Staat Alabama zurückdenkt: «Es war hart, wir wurden bis aufs Äusserste gefordert. Aber fliegerisch», betont er stolz, «konnten sie uns Schweizern wenig vormachen!»

Sechs Wochen war Major Bachmann zusammen mit Testpilot Manfred Brennwald in Fort Rucker, um sich auf den modernen Transporthelikopter Black Hawk umschulen zu lassen. «Es herrschte ein 24-Stunden-Betrieb, vor allem bei Dämmerung und nachts wurde geflogen: 1200 Heli-Piloten, vom Anfänger bis zum erfahrenen Vietnamveteranen, und gegen vierhundert Maschinen... da war in der Garnison immer etwas los.»

Diese Erfahrung auf einem US-Army-Stützpunkt machte Charles Bachmann 1979. Damals war das militärische Bedürfnis des Gebirgsarmeekorps 3 nach leistungsfähigen Transporthelikoptern unbestritten. Dann wurde es jedoch ruhig um dieses Projekt.

Plötzlich ging es aber ganz schnell. 1987 waren drei zweimotorige Transportheli in der Schweiz – aber französische: die Super-Puma AS 332M1 der Firma Aérospatiale.

Die Franzosen hatten auf Intervention von Präsident François Mitterrand der Schweiz ein höchst günstiges Angebot gemacht. Vor allem jedoch: «Der Super-Puma war technisch verbessert worden und ist heute dem Black Hawk leistungsmässig überlegen», erläutert Militärberufspilot Bachmann, der auch die Umschulung auf den Super-Puma – in Marignane bei Marseille – mitgemacht hat.

«Es sind ausgezeichnete Maschinen», lobt er, «instrumentenflugtauglich, einsetzbar auch nachts, fast bei jedem Wetter, in Schnee und Regen. Sie haben eine ausgezeichnete Steigleistung und können noch auf der Dufourspitze, auf 4634 Meter über Meer, sechs bis zehn vollausgerüstete Soldaten absetzen.»

Charles Bachmann als Pilot in einem Segelflugzeug der Rennklasse. Hier im Raum Birrfeld im Kanton Aargau.

Major Bachmann, das spürt man schnell, ist Pilot mit Leib und Seele, aus einer echten Berufung heraus. Aber er habe noch zusätzliche Interessen, fügt er fast verschämt bei, die ihn ebenfalls stark beanspruchen: Segeln, Modellbau von Flugzeugen und Dampflokis, Motorradfahren, Segelfliegen.

Und was kommt zuerst? «Fliegen zu können!»

Das wollte Charles Bachmann, Jahrgang 1944, schon als Kind. Der Luzerner aus Emmenbrücke war von der Technik begeistert, von der Aviatik im speziellen. Bei den SBB in Olten absolvierte er eine Mechanikerlehre; die Fliegerische Vorschulung bestand er in Biel und Grenchen auf Segelflugzeugen.

In der Piloten-Rekrutenschule wurde Charles Bachmann auf dem Bücker-Jungmann, Bücker-Jungmeister, Pilatus P-2 und P-3 geschult und erhielt auch einige Ausbildungsstunden auf dem Vampire DH-115. Dann wechselte er zu den Helikoptern, den fünfplätzigen französischen Alouette II.

Eine ganze Reihe von Gründen sei dafür massgebend gewesen: «Der Helikopter kommt dem Vogelflug am nächsten. Es ist ausserdem ein viel naturverbundeneres, intensiveres Fliegen, denn ich kann überall landen und bin nicht auf Pisten und Flugplatzeinrichtungen angewiesen.» Dann seien da auch die Rettungseinsätze und die Hilfeleistung bei Katastrophen und Waldbränden. Und nie

Militärberufspilot Charles Bachmann im Cockpit des Super-Puma, der drei Tonnen Wasser schleppen kann (rechts).

habe er diese Entscheidung bereut: «Ich würde wieder gleich handeln.»

Dass er nach der Brevetierung 1966 ins Überwachungsgeschwader (UeG) eintreten würde, stand für den jungen Piloten längst fest: «Mein ganzes Interesse galt der Fliegerei. So hatte ich das Glück, den Beruf zum Hobby und das Hobby zum Beruf zu machen.»

UeG-Pilot Bachmann konnte in der ersten Zeit neben seiner Fluglehrertätigkeit beim Aufbau der Lufttransportstaffeln – mit insgesamt 84 Alouette-III-Heli – mithelfen. Er wurde Mitglied der Leichtfliegerstaffel 3, später deren Kommandant und ist heute Chef des Leichtfliegergeschwaders 25, dem die drei Helikopterstaffeln 5, 6, 8 und die Pilatus-Porter-Staffel 7 (für die Fernspäher) unterstellt sind.

In den späten siebziger Jahren kam Major Bachmann in die «Projektleitung Neuer Heli», konnte den Black Hawk in den USA und den Super-Puma in Frankreich testen. Man merkt rasch, dass der Fachmann vom Super-Puma voll überzeugt ist: «Der Heli ist miliztauglich, aber dennoch anspruchsvoll, wenn man seine Möglichkeiten voll nutzt.» Die zwei Turbinen schlucken 600 Liter Treibstoff in der Stunde, schaffen eine Spitze von knapp 300 Stundenkilometern und bewältigen – mit Zusatztanks – eine Distanz von 1700 Kilometern.

Der erfahrene Heli-Pilot mit fast zehntausend Flugstunden (militärisch und zivil), davon über hundert auf dem Super-Puma, spricht von der Notwendigkeit einer Beschaffung zusätzlicher Transporthelis, damit die Luftmobilität zugunsten der Erdtruppen erhöht wird: «Mit einer Staffel Super-Puma kann beispielsweise eine ganze Artilleriebatterie mit den schweren Haubitzen und ihrem Bedienungspersonal im Gebirge verschoben werden.»

Doch nicht nur für taktische Waffen- und Truppentransporte lässt sich der Grosshelikopter einsetzen. Er ist auch als Feuerlöscher Spitze, vor allem bei Flächenbränden, denn er vermag auf einmal drei Tonnen Wasser zu schleppen. Damit nicht genug: «Ausgerüstet mit sechs Tragbahren und einer Rettungswinde, ist der Heli eine ideale Plattform für Sanitätstransporte.» So soll das Katastrophenhilfekorps bei seinen Einsätzen im Ausland in Zukunft über den Super-Puma verfügen können: «Er ist dank der modernen avionischen Ausrüstung in der Lage, auch zivile Airports vollautomatisch anzufliegen.»

Der über neun Tonnen schwere Super-Puma wird von zwei Mann im Cockpit bedient. Doch der Chef sitzt –

anders als bei der zivilen Linienfliegerei – auf der rechten Seite. Zwischen zwei Einsätzen dürfen höchstens vier Wochen Unterbruch liegen, sonst wird der Pilot automatisch auf den linken Sitz verbannt und muss sich einem neuen Checkflug stellen.

Doch über all die technische und fliegerische Faszination hinaus bleibt der Helikopter für Charles Bachmann, diesen engagierten und stets liebenswürdigen Mann, ein Symbol für Rettung und Dienst am Verunfallten: «Es ist für mich jedesmal bewegend, wenn ich dank des Helikopters Menschen helfen kann, die sonst nicht überleben würden.»

Beeindruckt ist er über die Zusammenarbeit Heli-Pilot–Lawinenhundeführer: «Der Pilot bringt die Retter zum Unglücksort, und die Hundeführer suchen mit ihren Tieren nach den Verschütteten. Gemeinsam sind sie imstande, Leben zu erhalten.» Zumeist ist das ein Wettlauf mit der Zeit: «Einmal wurde ich ins Bündnerland gerufen, nachdem eine Lawine im Raum Cavadiras eine Gruppe Wehrmänner verschüttet hatte. Ein Offizier konnte nur noch tot geborgen werden, ein zweiter wurde vom Lawinenhund aufgespürt. Ich flog den extrem unterkühlten Verletzten ins Kantonsspital Chur, wo er sich schnell erholte. Wären wir nur wenige Minuten später am Unglücksort eingetroffen, hätte der Mann nicht überlebt.»

Ein anderes Beispiel ist eher zum Schmunzeln: «Da hatte ein junger Pilot unmittelbar nach dem Erwerb des Flugbrevets voller Stolz seine Eltern zu einem Alpenflug eingeladen. Über dem Cristallinagletscher kam er mit seiner kleinen Bravo in Abwinde, vermochte nicht mehr umzukehren und musste zuletzt auf dem Gletscher notlanden. In einem Notbiwak verbrachte das Trio eine kalte, ungemütliche Nacht, bis ich es anderntags dank dem Notsender rasch orten konnte und mit dem Heli ins Spital Faido brachte.»

Dass er sich dabei mit der Alouette III durch nicht ungefährlichen Nebel kämpfen musste, erwähnt er nur am Rand.

Ein Super-Puma – hier über dem Gotthardmassiv – transportiert eine Artilleriehaubitze. Der französische Grosshelikopter eignet sich besonders für die rasche Verschiebung von Kampfeinheiten im Gebirge.

Aufklärer: Die präzisen Augen der Flugwaffe

Operation «Brücke» beginnt im Morgengrauen. Hektik herrscht im Lageraum eines Flugwaffenstützpunkts, aber keine Unordnung. Anruf eines Truppenkommandanten im Feld. Er will dringend wissen, ob eine von Hunter-Jagdbombern angegriffene Brücke am Doubs auch tatsächlich zerstört sei.

Ein klarer Fall für die Aufklärer.

Der Einsatzoffizier erläutert die Aufgabe, gibt die Meteo-Situation bekannt, erwähnt die Sperrzonen, jene Gebiete also, die flabüberwacht sind, und bestimmt den Piloten.

Major Hansueli Suter übernimmt. Während er sofort auf der Karte das entsprechende Gebiet einzeichnet und seine Aufklärungsachse festlegt, wird seine Maschine von der Bodenmannschaft munitioniert und mit rund 3500 Litern vollgetankt. Gleichzeitig werden die vier Kameras mit Filmkassetten gefüllt.

Nur Minuten später brettert die Mirage III RS (R = Reconnaissance, S =

Suisse) mit Mach 0,7, was 460 Knoten oder 840 Stundenkilometern entspricht, übers Mittelland Richtung Jura. Die Maschine liegt knapp dreihundert Meter über Grund.

Noch zwanzig Kilometer bis ins Ziel. Die Mirage sinkt auf hundert Meter ab, um im Radarschatten zu bleiben, also vom Gegner möglichst spät entdeckt zu werden. Gleichzeitig erhöht Major Suter das Tempo. Nach einer Minute ist er am Ziel, löst seine automatischen Kameras

aus, die fünf Bilder pro Sekunde schiessen, und versucht, die Situation an der Brücke auch visuell zu erfassen.

Dann dreht er ab und fliegt wiederum taktisch, möglichst tief, zu seinem Stützpunkt zurück. Während er dem Einsatzoffizier seine Auftragserfüllung meldet («Brücke ist zerstört»), werden die Filme entwickelt und wenig später durch die Fachleute ausgewertet. Unmittelbar darauf erhält der Auftraggeber telefonisch den gewünschten Bericht.

Major Suter, Jahrgang 1948, ist Kommandant der Fliegerstaffel 10 und damit Chef eines ungewöhnlichen Verbandes. Die «Zehn» unterscheidet sich nicht nur durch die grosse Zahl von siebzig Mitgliedern von den übrigen achtzehn Jet-Fliegerstaffeln: Sie ist auch die einzige Aufklärerstaffel, ausgerüstet mit acht-

Hansueli Suter (vorn) und Fritz Berchtold auf einer Skitour im Gebiet Hahnen nordöstlich von Engelberg.

zehn Mirage III RS, die im Gegensatz zu den Mirage-III-S-Jägern weder über ein Zielsuchradar noch über Radar-Lenkwaffen verfügen. Dafür sind sie mit vier Sichtkameras in der Flugzeugnase und einer Infrarotkamera für Nachtaufnahmen im Rumpfbehälter ausgerüstet.

Aber weshalb siebzig Mitglieder in einer Staffel? Major Suter lacht: «Das sind nicht alles Piloten! Zu uns gehören auch dreissig Auswerter, zehn Nachrichtenleute sowie zehn Büroordonnanzen.»

Dennoch muss der Pilot seine Mission allein ausführen, im Gegensatz zu den Jägern, die in der Regel in Patrouille starten. Ist der Aufklärer ein Einzelkämpfer? «Ja. Bereits in der Vorbereitungsphase eines Flugs und dann auch in der Luft.»

Nun kennen die «Zehner» freilich nicht nur Erfolgsaufklärung, also die Kontrolle, ob eine Brücke am Doubs tatsächlich zerstört ist. Hansueli Suter: «Viel häufiger noch müssen wir *vor* einem geplanten Angriff aufklären.» Wenn bei-

spielsweise ein Hunter-Verband eine Brücke oder eine Panzerkolonne angreifen soll, wollen die Einsatzkommandanten zuvor Fotos von der Situation sehen.

Was macht den Aufklärerpiloten aus? «Selbständigkeit ist eine Grundvoraussetzung. Dann müssen auch Beweglichkeit, Memorisierungsvermögen, Auffassungsgabe und Entschlussfreudigkeit speziell ausgebildet sein. Und er braucht eine dosierte Aggressivität, um im defensiven Luftkampf zu bestehen.»

Vor dem Einsteigen in den Mirage-Aufklärer III RS kontrolliert Major Hansueli Suter die Sauerstoffanlage.

Überhaupt, meint Hansueli Suter, sei die Aufgabe eines Aufklärerpiloten abwechslungsreich. Auch im Erdkampf und in der Luftverteidigung müsse er ausgebildet sein, denn die Mirage III RS verfüge über zwei Kanonen und Sidewinder-Infrarot-Lenkwaffen.

Dass er Militärpilot werden wollte, stand für den im aargauischen Mellingen aufgewachsenen Zürcher immer fest: «Aber meinem Vater war die Fliegerei zu unsicher. So schloss ich zuerst eine Post-

beamtenlehre ab.» Daneben absolvierte er in Biel und Grenchen die Fliegerische Vorschulung auf Piper-Motorflugzeugen. Später besuchte er zwei Jahre die Kantonsschule Freudenberg in Zürich, bevor er in die Piloten-Rekrutenschule eintrat.

Nachteile, sagt Hansueli Suter, weil er weder eine technische Ausbildung noch die Maturität besitze, seien ihm in der Fliegerschule nie erwachsen: «Ich musste einfach ein bisschen mehr büffeln als die Kameraden.»

Nach der Brevetierung trat er sofort ins Überwachungsgeschwader (UeG) ein, liess sich zum Erdkämpfer umschulen und wurde Mitglied der Hunter-Staffel 11. Als ein Platz bei den Aufklärern frei wurde, wechselte er zur Staffel 10. Seit 1986 ist er deren Kommandant.

Als solcher hat er das traditionelle Privileg, bei Flugdemonstrationen die Wendigkeit des Mirage-Aufklärers im Tiefeinsatz zu präsentieren. Aber er sei nicht nur Show-Pilot, merkt Major Suter sofort

Von Dübendorf steigt die Mirage III RS zu einem Aufklärungsflug auf.

Nach der Landung holen Angestellte die Kassetten mit den belichteten Filmen.

147

148/149 Bewaffnete Gefechtsfeldaufklärung von vier Mirage III RS über dem Schiessplatz Ebenfluh im Berner Oberland. Die Doppelpatrouille wird sich im nächsten Moment in zwei Patrouillen splitten, um separate Ziele auszuspähen.

150/151 Aufklärung ist ihre Aufgabe: eine Mirage III RS im Zürcher Oberland. Sie streicht im Tiefflug mit Tempo 840 (Mach 0,7) hundert Meter über dem hügeligen Gelände dahin.

an: «Ich übernehme selber regelmässig Aufträge. Ich will auch als Staffelkommandant mit allen Aufgaben eines Aufklärerpiloten vertraut bleiben.»

Da leuchtet ein, dass die Führung einer derart grossen Staffel und der gleichzeitige aktive Einsatz in der Luft eine starke Belastung sind. «Ich treibe ein bisschen Sport zum Ausgleich», sagt Major Suter lakonisch und untertreibt damit stark. Denn der Sport ist neben der Familie (Ehefrau, ein Bub, eine Tochter) und der Fliegerei der dritte zentrale Punkt in seinem Leben. Hansueli Suter fährt Ski und intensiv Velo, spielt Squash und leitet mit grosser Hingabe die Männerriege seines Wohnorts Mönchaltorf im Zürcher Oberland. Vor allem jedoch ist er ein begeisterter Tourenskifahrer. Da sieht man ihn dann in den Ferien oder an Wochenenden, speziell im Frühjahr, morgens um fünf Uhr mit den Fellen an den Ski, häufig in Begleitung des Hobby-Bergführers Fritz Berchtold, eine Bergflanke in der Innerschweiz hochsteigen und nach einer kurzen Gipfelrast im Tiefschnee elegant ins Tal hinunterwedeln.

Zu ungewohnten Zeiten, bei Dunkelheit, ist Hansueli Suter nicht nur auf Ski unterwegs, sondern auch in der Mirage. Nun fliegt der Aufklärerpilot ja zumeist auf Sicht: Wie wird denn nachts navigiert? «Da hilft nur eine sehr gute Flugvorbereitung», erläutert Major Suter. Mit der modernen Infrarotkamera können auch bei Dunkelheit gegnerische Panzer oder Lastwagenkolonnen enttarnt werden, ebenso wie sich feststellen lässt, ob ein thermisches Kraftwerk arbeitet oder wie hoch der Ölstand eines Tanklagers ist.

Über all diese Aufkläreraufgaben hinaus werden die «Zehner» auch im Neutralitätsschutz eingesetzt. Denn das Abfangen eines in den Schweizer Luftraum eingedrungenen Flugzeugs geschieht immer in Patrouille. Und eine der beiden Maschinen ist jeweils eine Mirage III RS.

Schliesslich muss das Prozedere in der Luft fotografisch festgehalten werden.

Zwölf Kühe, zehn Rinder, vier Kälber, ein Hunter

Die ersten Stunden sind immer gleich, tagein, tagaus, siebenmal in der Woche. Nach dem Aufstehen zwischen fünf und halb sechs Uhr führt ihn sein erster Schritt in den Stall, wo er das Vieh versorgt, zwölf Kühe, zehn Rinder und vier Kälber. Aber an sechsunddreissig Tagen des Jahres ändert sich die Fortsetzung. Dann vertauscht Hans-Ulrich Äppli sein Arbeitsgewand mit der Uniform und steht gegen acht Uhr auf dem Flugplatz Dübendorf.

Hans-Ulrich Äppli, geboren 1950, ist Landwirt und Militärpilot. Geht das zusammen? «Warum nicht?» fragt er verwundert zurück. «Auch der Bauer leistet einen Dienst an der Heimat.» Wohl wahr. Dennoch ist diese Kombination von selbständigem Landwirt und Frontpilot weltweit einzigartig. Und nur möglich dank hervorragender Ausbildung und effizientem Training der Flugzeugführer.

Dass er Pilot werden würde, stand für Hans-Ulrich Äppli schon als Bub fest. Kunststück, wenn man in Lufingen so nah am Flugplatz Kloten wohnt und täglich die startenden Flugzeuge sieht. Überraschender aber war die Berufswahl.

Nach der Schule hatte er bei der Swissair eine Mechanikerlehre angetreten und die Fliegerische Vorschulung auf Segelflugzeugen im sanktgallischen Schänis absolviert. In der Piloten-Rekrutenschule in Locarno-Magadino erhielt Hans-Ulrich Äppli die Grundausbildung auf dem Bücker-Jungmann und auf dem P-3. Nach der Brevetierung 1971 trat er in die Milizstaffel 7 ein, «damals noch mit Venom ausgerüstet». Vier Jahre später schulte er auf den Hunter um, und bei diesem Jagdbomber blieb er bis heute. «Es ist ein Flugzeug mit unbändiger Kraft», schwärmt er. Diese Erfahrung haben wohl weltweit viele Piloten gemacht. Denn insgesamt baute British Aerospace 2250 Hunter, von denen heute – neben der Schweiz – einzig noch Simbabwe und Singapur je zwei Staffeln in der Luft halten. Durch eine Kampfwertsteigerung

Landwirt Hans-Ulrich Äppli mit seiner vierjährigen Holsteiner Milchkuh Alice.

in den frühen achtziger Jahren – unter anderem durch die Ausrüstung einiger Hunter-Staffeln mit der wirkungsvollen Luft–Boden-Lenkwaffe «Maverick» – wurde die helvetische Erdkampfflotte noch im Veteranenalter aufgewertet.

In der Militärfliegerei verlief für Hans-Ulrich Äppli alles gradlinig. Nicht aber im Berufsleben. Zwar hegte er den festen Wunsch, Swissair-Linienpilot zu werden. Doch er wurde zurückgewiesen: «Mein Wesen sei noch zu ‹schülerhaft›, hiess

es.» So trat er vorerst ins Technikum Winterthur ein.

Als aber die Familie infolge Güterzusammenlegung in Lufingen einen grösseren, zusammenhängenden Hof hoch auf einem Hügel mit prachtvollem Ausblick übers Zürcher Unterland erwerben konnte, änderte Hans-Ulrich Äppli sein Berufsziel. Er brach das Studium nach einem Jahr ab, besuchte die Landwirtschaftsschule, wurde diplomierter Landwirt und ist heute Meister.

Und so bearbeitet jetzt Hans-Ulrich Äppli zusammen mit seiner Frau, einer Bauerntochter aus der Gegend, seinem Vater und einem Lehrling insgesamt einundzwanzig Hektaren Land, davon dreizehn Hektaren in Pacht. Es ist ein gemischter Betrieb, Milchwirtschaft und Ackerbau. Geerntet werden neun Tonnen Konservenerbsen und zehn Tonnen Konservenbohnen pro Jahr, aber auch fünfundsiebzig Tonnen Zuckerrüben, zwanzig Tonnen Weizen, drei Tonnen

Hilfe vom Flugzeugwart für Pilot Hans-Ulrich Äppli vor dem Einsatz im Hunter...

Raps, fünf Tonnen Hafer und sechs Tonnen Gerste in einer fünf- bis achtjährigen Fruchtfolge. Dazu kommen Futtermais und Gras fürs Vieh. Das ergibt lange Arbeitstage, von fünf Uhr früh bis abends sieben, sieben Tage in der Woche.

1986 ist Oberleutnant Äppli mit 1340 Flugstunden aus der Frontstaffel 7 ausgeschieden und leistet seither beim Zielfliegerkorps (ZFK) Dienst. Da ist die zeitliche Belastung geringer, und er wird zumeist tageweise eingesetzt. Er kommt dennoch auf fast achtzig Flugstunden im Jahr. Aber, und das ist für ihn entscheidend, er kann weiterhin den Hunter pilotieren. Nämlich als Sparringpartner für die Jagdpiloten.

Und das geht so: Oberleutnant Äppli wird mit seinem Hunter vom Florida-Radarsystem ins Einsatzgebiet geführt und bildet dort das Ziel für angreifende Mirage und Tiger. «Ich mache genau das, was die Jagdpiloten wollen. Ich fliege entweder geradeaus oder ich versuche, sie abzuwehren und abzuhängen.»

Neben den Jägern kann auch die Fliegerabwehr auf Oberleutnant Äpplis Flugkünste zählen. Er steuert auf deren Anweisung seinen Hunter in genau vorgeschriebener Höhe über die Flabstellungen, damit die Soldaten an den Skyguard-Geschützen und den Rapier-Lenkwaffen ihre Geräte richten können.

Er sei, meint er gelassen, «so etwas wie ein Turngerät für die Flab».

...dann lärmgedämpfter Start in Interlaken mit einer engen Rechtskurve. Der Hunter trägt Übungsbomben.

Testpiloten: Teamwork wird gross geschrieben

Eine grosse schlanke Gestalt. Ein markantes Gesicht mit grau meliertem Vollbart und hoher Stirn. Fältchen um die wachen Augen. Eine überzeugungsstarke Stimme mit gemütlichem, nicht einschläfernd-langsamem Berner Dialekt. Der Mann könnte Hochschulprofessor oder Chefarzt sein. Oder Förster.

Bernhard Alder ist Testpilot.

Und übt damit einen Beruf aus, der nicht so klar zu definieren ist. Natürlich sind einige Voraussetzungen zu erfüllen: fliegerische Begabung und Erfahrung etwa. Aber auch technische Grundkenntnisse und aviatisches Fachwissen. Entscheidend jedoch ist die Persönlichkeit.

Denn der Testpilot hat mitunter nach einem Versuchsflug Erscheinungen zu beanstanden, von deren Nichtexistenz die Ingenieure und Elektronikspezialisten absolut überzeugt sind. Da muss der Testpilot oft ohne Beweismaterial, allein mit seiner Persönlichkeit die Mitarbeiter am Boden davon überzeugen, dass ihre Arbeit nicht erfolgreich war. «Es ist meistens ein Teamwork», weicht Bernhard Alder aus. Aber der Testpilot übernimmt dabei den spektakulärsten Teil: «Er ist eben der Praktiker.»

Der Praktiker in einem Beruf, der keinerlei Routine kennt. Diese Vielseitigkeit hatte den promovierten Experimentalphysiker (Dissertationsthema war die «Messung von schwachen relativen Radioaktivitäten») nach zwei Jahren Assistenztätigkeit an der Universität Bern 1967 bewogen, die Stelle eines Testpiloten bei der Gruppe für Rüstungsdienste (GRD) in Emmen anzutreten.

In der Fliegertruppe leistete Bernhard Alder Dienst in der Staffel 2 auf Venom, später in der Staffel 10 mit dem Mirage-Aufklärer III RS, wurde dann Mirage-Geschwaderführer und bekleidet heute im Grad eines Oberstleutnants eine Stabsfunktion.

Nach seinem Wechsel zur GRD besuchte Bernhard Alder, Jahrgang 1937, die Testpilotenschule in Frankreich und

Ein Experimentalphysiker, der sich nicht mit theoretischen Versuchen begnügte: Testpilot Bernhard Alder.

machte 1971 sein Abschlussdiplom auf dem – damals modernen – Caravelle-Verkehrsflugzeug. Seine Berufswahl hat er bis heute nicht bereut: «Wer kann schon fast täglich Neues erleben?»

Tatsächlich ist das Pflichtenheft von Bernhard Alder, inzwischen Chef-Testpilot in der sechsköpfigen Crew, derart umfangreich, dass es nur angedeutet werden kann:
– Einfliegen von Luftfahrzeugen nach dem Lizenz- oder Serienbau (beispiels-weise die in Emmen endgefertigten Tiger F-5 E/F).
– Erprobung von Elektroniksystemen, Instrumenten, Navigationshilfen.
– Funktionstests von Kanonen, Raketen, Lenkwaffen.
– Triebwerküberprüfungen nach Änderungen oder Störungen.

Eine der grossen Aufgaben in jüngster Zeit war das Projekt «Mirage-Kampfwertsteigerung». Durch ein zweites Paar Flügelchen («Canards») oberhalb der Triebwerkeinläufe wurde das aerodynamische Verhalten der Maschinen vor allem im Kurvenflug erheblich verbessert. Bis alle am Boden errechneten Daten in der Luft überprüft waren, mussten die Testpiloten an die hundert Versuchsflüge unternehmen. Dafür gilt diese Mirage-Umrüstung als derart überzeugend, dass andere Länder das Schweizer System übernommen haben.

Doch zum Aufgabenkreis gehören nicht nur Versuche in der Luft. Damit, bei-

Eine Mirage III S, stationiert bei der GRD in Emmen: Die Kreisbemalung dient als Referenzpunkt für optische Vermessungen.

spielsweise, die Mirage auch auf den kurzen Pisten unserer Gebirgsflugplätze oder – im Ernstfall – auf teilweise beschädigten Landebahnen sicher aufsetzen kann, erproben Testpiloten eine Kurzlande-Einrichtung mit Fanghaken, ähnlich wie sie auf Flugzeugträgern existieren. Bernhard Alder: «Es zeigte sich aber nach mehreren Versuchen, dass die damalige Anlage zu schwerfällig war. Es hätte jeweils nur alle drei, vier Minuten eine Mirage landen können.»

Ein wichtiger Teil der Aufgaben wird mit «Erprobung neuer Kampfflugzeuge und Beurteilung von Flugverhalten, Kampfwert und Miliztauglichkeit» umschrieben. So erstaunt nicht, dass Bernhard Alder bisher 26 verschiedene Militärjets geflogen ist, teils in seiner Ausbildung, teils in Evaluations- und Beschaffungsverfahren. Darunter befinden sich die US-Fighter F-20, F-16 und F/A-18, die französischen Typen Super-Mystère, Etendard und Mirage F-1.

Es ist ein Traumberuf, sicher, den Testpilot Alder ausüben kann. Aber da sind auch die vielen Stunden am Schreibtisch und am Computer, die Vorbereitungsarbeiten, die Auswertungen nachher. Diese starke berufliche Anspannung gleicht Bernhard Alder mit seiner Familie und durch Arbeit im Garten seines Hauses in Hergiswil aus.

Zur Arbeit fährt er gerne im Cabriolet. In geschlossenen Gefährten sitzt er ja oft genug.

Teamarbeit: Testpilot Bernhard Alder (links) mit Flugversuchingenieur Bruno Tschupp.

Mirage mit Entenflügeln: Die Modifikation erforderte hundert Versuchsflüge.

Kommandant bei der Swissair und der Flugwaffe

Nebel liegt wie eine schmutzige Brühe über der Talschaft. In den Unterständen des Flugplatzes im obwaldnerischen Alpnach steht eine Tiger-Doppelpatrouille mit einem brüllenden Triebwerk pro Maschine in Bereitschaft. Es herrscht A5: Alarmstufe 5. Wenn der Einsatzbefehl kommt, müssen die vier bewaffneten und aufmunitionierten Raumschutzjäger innert zwei Minuten in der Luft sein. Und während sie zur Piste rollen, starten die Piloten das zweite Triebwerk.

Doch der Befehl kommt nicht. Major Rudolf Schelling, Geschwaderführer über die Tiger-Staffeln des Stützpunkts, winkt ab: «Der Nebel ist zu dick.»

Zwar wären die vier Tiger F-5 E problemlos durch die graue Suppe in die Höhe gekommen. «Doch wir hätten sie nach Beendigung der knapp dreiviertelstündigen Mission möglicherweise nicht mehr heruntergebracht», sagt der grossgewachsene, schlanke Mann. «Dieses Risiko wollte die Einsatzzentrale auf-

Vor dem Swissair-Erstflug nach Brazzaville: Briefing über die neue Route. Von links: Copilot Rudolf Schelling, Kapitän Reto Frey, Flight

grund der von mir geschilderten Wettersituation nicht eingehen.»

Deshalb werden von einem nebelfreien Flugplatz zwei andere Tiger-Patrouillen hochsteigen – dem Fliegerverband entgegen, der sich gemäss Übungskonzept der Schweizer Grenze nähert.

Entscheidungen dieser Art gehören zum Aufgabenkreis des Geschwaderführers. Denn er ist verantwortlich für den operationellen Flugdienst auf dem Stütz-

punkt. Mit ihm zusammen arbeitet der Abteilungskommandant, ebenfalls im Grad eines Majors, dem die Flieger-Bodenmannschaften, die Genietruppen und die Reparaturkompanie unterstellt sind. Seine Aufgabe bezeichnet Major Schelling scherzhaft auch als «Dienstleistungsbetrieb für die fliegenden Formationen»: «Ich bin sozusagen deren Handlanger und habe dafür zu sorgen, dass sie vor ihrem Einsatz über alle notwendigen Informationen verfügen.»

Rudolf Schelling, geboren 1946, ist Milizpilot. Er steuerte selber den Tiger in der Frontstaffel 8 und war zuletzt deren Kommandant. 1987 wurde er Geschwaderführer und fliegt zwar als solcher den Tiger noch immer, «aber ich bin kein Frontpilot mehr».

Dafür schon bald angesehener Kommandant eines Linienflugzeugs. Denn im Zivilberuf ist Rudolf Schelling Swissair-Flugzeugführer und wird nach fünfzehn Jahren Copiloten-Einsatz und einer

Dispatcher Alfred Langenegger.

Zwischenlandung in Douala, Kamerun: Frachtpaletten kommen an Bord.

Gruppenbild in Brazzaville. Zweiter von links: Copilot Rudolf Schelling.

sechsmonatigen Ausbildung ab August 1989 als MD-81-Kapitän eingesetzt.

Doch bis er auf dem linken Sitz in der MD-81 (DC-9-81) Platz nehmen kann und damit die Verantwortung über das Flugzeug und alle Insassen hat, muss sich der angehende Kommandant harten Tests stellen: «Man wird richtig geplagt, psychisch und physisch.» Da werden im Simulator Probleme und Bedingungen vorgetäuscht, die auf der Strecke kaum je eintreten. Doch ein Swissair-Pilot muss auch unter Belastung in jedem Augenblick richtig reagieren.

Rudolf Schelling ist ein ruhiger, offener Mann, der Vertrauen und Erfahrung ausstrahlt – einer jener Swissair-Piloten, denen sich jeder Passagier bedenkenlos anvertraut.

Acht Jahre Langstreckenflug als Copilot auf den bei den Passagieren beliebten dreistrahligen DC-10-Grossraummaschinen hat Rudolf Schelling hinter sich. Jetzt freut er sich auf die Kurzstrecken mit der MD-81. «Es war manchmal schon anstrengend», erinnert er sich, «so zehn Stunden lang im Cockpit zu sitzen. Aber es waren interessante acht Jahre.»

In Erinnerung geblieben ist ihm besonders der Erstflug im November 1986 zur neuen Swissair-Destination Brazzaville, der Hauptstadt der Volksrepublik Kongo: «Der Mann im Kontrollturm von Brazzaville hatte offenbar eine völlig andere Anflugkarte als wir und verstand überhaupt nicht, was wir machten. Wir haben ihn dann laufend über unsere Absichten aufdatiert.»

Und als die DC-10 aufsetzte, da überflog eine andere Swissair-DC-10 sehr tief den Platz: mit Kurs auf den nur zwanzig Kilometer entfernten Flughafen Kinshasa im Nachbarstaat Zaire.

So sehr sich Rudolf Schelling mit seiner Arbeit in Swissair-Cockpits identifiziert – die Militäraviatik möchte er nicht missen: «Die Linienfliegerei allein wäre mir zu einseitig. In der modernen Zivilluftfahrt bekommt der Computer einen immer stärkeren Einfluss. Der Pilot wird mehr und mehr ein *system operator,* der nur noch Knöpfe drücken muss.»

Als Rudolf Schelling freilich vor über zwanzig Jahren, 1966, die Piloten-Rekrutenschule besuchte, da war von Computern und Elektronik noch wenig die Rede. Die Grundausbildung erhielt er auf einem Vorkriegsmodell, dem damals genau dreissig Jahre alten Bücker-Jungmann-Doppelsitzer.

Dass er überhaupt zur Flugwaffe kommen würde, das war für den in Zürich aufgewachsenen Schaffhauser, Sohn eines Kaufmanns, eigentlich eine Überraschung: «Als Bub bewunderte ich zwar alles, was mit Fliegen zu tun hatte. Aber ich war auch fest überzeugt, das Ziel nicht zu erreichen.»

Mehr «aus Spass», wie er sagt, meldete er sich während seiner kaufmännischen Ausbildung zur Fliegerischen Vorschulung: «Ich ging völlig unbelastet an die Prüfungen. Ich hatte ja nicht meine berufliche Laufbahn darauf ausgerichtet.»

Die Fliegerei aber sollte dennoch sein Leben bestimmen.

Nach der Brevetierung 1967 trat er ins Überwachungsgeschwader (UeG) ein, wurde Militärberufspilot – ein meisterhafter offenbar. Denn der junge Leutnant Schelling erhielt 1969 die Berufung in die Eliteformation Patrouille Suisse. «Wir hatten im Team eine ungewöhnlich schöne Kameradschaft», erinnert er sich. «Jeder konnte sich in der Luft voll auf den andern verlassen.» Aber es war gleichzeitig auch hart: «Die Trainings und Vorführungen forderten 120 Prozent Konzentration.»

Vor dem Einsatz: Information über gesperrte Zonen durch Major Schelling (links).

Zusammenarbeit mit Major Heinz Thalmann (links), Chef der Bodentruppen.

163 Im Looping kurz vor der Kulmination: Zwei Tiger F-5, ausgerüstet mit Sidewinder-Übungslenkwaffen.

164/165 Blindlandepiste auf dem Flughafen Kloten: Während hundert Minuten Langzeitbelichtung kamen 15 Flugzeuge herein. Jeder vierte Swissair-Pilot ist auch Militärpilot – wie Rudolf Schelling.

1974 verliess Rudolf Schelling das UeG und damit auch die Patrouille Suisse – und das war eigentlich nicht geplant.

Den Auslöser bildete der berühmte Nullentscheid des Bundesrats im September 1972, der Verzicht auf ein neues Kampfflugzeug: Weder der Mirage Milan noch der Corsair sollten beschafft werden. «Das waren keine schönen Aussichten für uns junge Piloten», erzählt Rudolf Schelling. «Ich war überzeugt, dass wir jetzt lange mit dem alten Material herumfliegen würden.»

So zog er die Konsequenzen und liess sich bei der Swissair zum Linienpiloten ausbilden. Aber er blieb als Milizler in der Fliegertruppe und flog in der Staffel 8 – später als deren Kommandant – vorerst den Hunter, bis er 1980 mit seiner ganzen Staffel auf den Tiger umschulte. 1985, mit 39 Jahren, war seine Tätigkeit als Frontpilot zu Ende, und er übernahm für kurze Zeit eine Stabsaufgabe.

Heute gibt Major Schelling als Geschwaderführer seinen Miliz-Tigerstaffeln die Einsatzbefehle, etwa für Raumschutzaufgaben oder als Begleitschutz für Hunter-Jagdbomberverbände. «Ich garantiere gegenüber der Einsatzzentrale die Aktion und liefere die notwendigen Informationen an die Staffeln», sagt er, «aber die Taktik wählen jeweils die Staffelkommandanten und Verbandsführer. Da rede ich ihnen nicht drein.»

Er selber bekommt seine Befehle direkt von der Einsatzzentrale der Flieger- und Flabtruppen, die dank dem elektronischen Florida-Frühwarn- und -Führungssystem jederzeit genauestens über die aktuelle Luftlage im Bild ist und entsprechend die Entschlüsse für die Wahl der Abwehrmittel fasst. So ergeht dann beispielsweise an Geschwaderführer Schelling der Befehl, ab morgens sieben Uhr acht Tiger auf A 3 zu halten. Bei Alarmstufe 3 sitzen die Piloten in ihren Maschinen und müssen innert fünfzehn Minuten starten können. Bei A 5 beträgt die Frist nur zwei Minuten.

Doch wenn Nebel herrscht, nützt auch die kürzeste Startzeit nichts. Aber dann kann ja auch der Gegner nichts sehen.

Spitzenturner Moritz Gasser aus Reussbühl LU an seinem Lieblingsgerät, dem Pferdpauschen, bei der Thomas-Schere.

Spitzenturner am Pferdpauschen und in der Luft

Im Patrouillenstart schiessen zwei Tiger-Raumschutzjäger mit zugeschalteten Nachbrennern in den Abendhimmel. Wenige Sekunden später folgt eine dritte Maschine. Dank einer Steigleistung von 180 Höhenmetern in der Sekunde erreichen die Northrop F-5 bereits am Pistenende die nötige Höhe, um jetzt ohne Nachbrennerhilfe und damit ohne grossen Lärm über die dichtbesiedelten Gebiete wegfliegen zu können.

Die drei Maschinen sind unterwegs zu einem «2 v. 1 *(two versus one)*», wie es in der Fliegersprache heisst, einem Kurvenkampf (Dogfight) «zwei gegen einen» bei einbrechender Nacht. Denn wegen der veränderten Sichtverhältnisse, die das Schätzen der Distanzen und der relativen Geschwindigkeiten erschwert, müssen Luftkämpfe auch in der Dämmerung geübt werden – im Simulator ist dies nicht möglich.

Der Arbeitsraum der drei Tiger an diesem Oktoberabend ist ein 25×20×6 Kilometer grosser Luftkubus über kaum besiedeltem Gebiet im Bereich des Glärnischmassivs im Glarnerland. Die Jagd beginnt auf 5000 Meter über Grund. Hier oben scheint noch die Sonne, während es im Tal schon fast dunkel ist.

Im 1000-Kilometer-Tempo jagen die Jets aufeinander zu. Das Ziel der Piloten ist es, den Gegner auszumanövrieren, um in möglichst vorteilhafte Schussposition zu gelangen. Während der eine Pilot brüsk hochzieht, um im grellen Licht der Abendsonne einen Walzenangriff zu lancieren, tauchen die beiden gegnerischen Maschinen ins schützende Halbdunkel der Dämmerung hinunter. Das Ausnützen der Sichtverhältnisse ist das Wichtigste beim abendlichen Luftkampf.

Die eine Maschine ist in wenigen Sekunden auf 7000 Meter aufgestiegen. Ihre ohnehin kleine Silhouette ist im gleissenden Sonnenlicht kaum mehr zu erkennen. Die beiden andern Tiger auf 2000 Meter über Grund bewegen sich bereits im Dunkeln. Nur die Drehleuchten und die Positionslichter markieren die Jets. Um möglichst ungesehen zu bleiben, verzichten die Piloten auf den Einsatz des Nachbrenners, mit dem die Schubleistung um fast die Hälfte erhöht werden kann. Die Stichflamme aus den Triebwerken wäre für den Gegner ein allzu leichtes Ziel. Sie achten jetzt darauf, die Horizontlinie nicht zu überfliegen, weil sich sonst die Silhouetten am hellen Himmel abzeichnen würden.

Ihr Versteckspiel zahlt sich aus, denn der von oben angreifende Pilot hat sie für wenige Momente aus den Augen verloren. Die im Geländeschatten operierenden Gegner aber sehen die herunterstechende Maschine und leiten blitzschnell den Gegenangriff ein. Das wiederum realisiert der mit seinem Flugzeug in die Tiefe stürzende Pilot zu spät – er wird das Opfer einer alten Fliegerregel: «Lost sight, lost fight» (verlorene Sicht, verlorene Schlacht). Er gibt auf.

Die Übung hat kaum drei Minuten gedauert. Aber es sind drei Minuten unter körperlicher und geistiger Höchstbelastung. Der Pilot muss in einer wildgewordenen Umwelt den Überblick behalten, dabei ständig seine Position bezüglich Topographie im Auge behalten, dauernd kontrollieren, ob er nicht zum Gejagten zu werden droht, Funkmeldungen zur Kenntnis nehmen und quittieren, regelmässig einen kurzen Blick auf die Instrumente und das Warnpanel werfen.

Und all dies bei den ständig wechselnden Lichtverhältnissen des eindunkelnden Abends.

Tiger-Milizpilot Moritz Gasser aus dem luzernischen Reussbühl hat bisher wenige solche Dämmerungseinsätze miterlebt. Denn die Nachtflugausbildung eines Frontpiloten beginnt erst, wenn er mindestens ein Jahr mit seinem Flugzeug vertraut ist – bei Leutnant Gasser seit 1986. Die Luftkämpfe in der Dämmerung findet er «ein spezielles Erlebnis, weil man dabei das gesamte Lichtspektrum zwischen Tageshelligkeit und Nacht in die Überlegungen miteinbeziehen muss». Und das macht die ohnehin schon grosse Anspannung des Piloten noch grösser.

Extreme Anspannung freilich kennt Moritz Gasser, Jahrgang 1963, bereits von einer andern Tätigkeit her. Er ist Spitzen-Kunstturner, war als Mitglied der Schweizer Nationalmannschaft 1983 an der Weltmeisterschaft in Budapest und 1984 an den Olympischen Spielen in Los Angeles dabei. «Das Kunstturnen», sagt Moritz Gasser, «ist eine richtige Leidenschaft.» Es sei «nicht allein Sport, sondern Akrobatik, die Richtung Zirkus geht». Und auch «Ästhetik, etwas fürs Auge».

Seine vier älteren Brüder waren es, die den jungen Moritz in einen Turnverein mitgenommen und damit in ihm die

Liebe zum Kunstturnen geweckt hatten. Bald zeigte sich seine aussergewöhnliche Begabung. Er wurde Mitglied des Bürgerturnvereins Luzern (BTV), besuchte als Zehnjähriger ein erstes Trainingslager, kam ins Schweizer Nachwuchs-, dann ins Nationalkader und zuletzt in die Nationalmannschaft.

Sein Lieblingsgerät ist das Pferdpauschen: «Einzelne Teile sind sehr ästhetisch, vor allem die Thomas-Schere. Man grätscht die Beine und lässt den Körper, wie die Rotorblätter eines Helis, kreisen. Wenn man im Rhythmus ist und die Kraftimpulse im richtigen Moment einsetzt, treibt es den Körper immer höher, und man empfindet ein Gefühl der Schwerelosigkeit.» Überhaupt, schildert Moritz Gasser, liebe er das Spiel an den Geräten: «Nach einer gelungenen Übung fühlt man sich richtig entspannt und leicht.»

Doch neben dem Turnen und dem Besuch des Lehrerseminars Luzern geisterte stets auch die Fliegerei in seinem Kopf herum. Durchaus begreiflich bei einem Buben, der einen Kilometer neben der Piste des Flugplatzes Emmen aufwächst. Moritz Gasser absolvierte die Fliegerische Vorschulung auf der einmotorigen Bravo in Bern-Belp und schaffte es, in die Piloten-Rekrutenschule in Locarno-Magadino einzutreten. Er wurde auf dem Turbo-Trainer PC-7 und dem Vampire geschult. Dann musste er sich in der Weiterausbildung zwischen dem

Leutnant Moritz Gasser in seiner Staffelmaschine, dem Tiger F-5...

...und kurz vor dem Aufsetzen in Dübendorf mit Tempo 260.

Heimkehr nach dem Luftkampf in der Dämmerung

168

Hunter-Erdkämpfer und dem Tiger-Raumschutzjäger entscheiden: «Ich wählte den Tiger, um die Faszination des Luftkampfs erleben zu können.»

Nach der Brevetierung 1986, im Grad eines Wachtmeisters, kam er in die Tiger-Staffel 19 und absolvierte dann die Offiziersschule. Zwischendurch machte er Stellvertretungen als Primar- und Sekundarlehrer im Kanton Luzern und arbeitete zuletzt in der Privatwirtschaft. Inzwischen hat Leutnant Gasser bereits über 500 Flugstunden in seinem Flugleistungsbuch eingetragen, «aber ich bin noch immer ein wenig erfahrener Luftkämpfer und kann viel von meinen älteren Staffelkameraden lernen».

Dieses Lernen sieht für Leutnant Gasser – wie für jeden Frontpiloten – so aus: sechs Wochen Trainingskurse (TK) im Jahr mit seiner Staffel, dazu etwa acht individuelle Tiger-Einsätze, denn es darf nie länger als vier Wochen Unterbruch zwischen zwei Flügen geben.

Das Spitzen-Kunstturnen hat Moritz Gasser jetzt aufgegeben. Er übt zwar noch regelmässig an den Geräten und ist Trainer im BTV. Aber seit Anfang 1989 peilt er als Absolvent der Schweizerischen Luftverkehrsschule ein neues Ziel an.

Er will Swissair-Pilot werden.

170/171   Zwei Tiger – J-3208 ist ein Doppelsitzer – im Dämmerungseinsatz im Glärnischgebiet.

er Tiger-Raumschutzjäger mit ausgefahrenem Fahrwerk beim Landeanflug in Dübendorf.

Helikopter im Einsatz gegen Schmuggler

Eine kalte Brise streicht über die sonnenbeschienenen Alpweiden und Geröllhalden des Waadtländer Jura auf 1200 Meter Höhe. Die Grenzwächter Roland Boillat und Peter Goetz vom Neuenburger Posten Les Verrières warten hier auf ihr Transportmittel. Sie wollen der Grenze zu Frankreich entlang patrouillieren, erzählt Feldweibel Boillat, seit dreiundzwanzig Jahren Angehöriger des Grenzwachtkorps: «Wir halten Ausschau nach verdächtigen Vorgängen.»

Minuten später nimmt das Transportmittel die beiden grau uniformierten Männer mit ihren Rucksäcken und griffbereiten Feldstechern auf – es ist ein Armeehelikopter vom Typ Alouette III.

Für Milizpilot Pierre-Alain Hinnen aus Cheseaux-Noréaz bei Yverdon ist eine solche Mission nichts Aussergewöhnliches: «Schliesslich sind wir ein fliegendes Dienstleistungsunternehmen.»

Nicht nur fürs Grenzwachtkorps. Die achtzig Alouette-III-Helikopter der Ar-

Pierre-Alain Hinnen: Als Computerspezialist vor dem Bildschirm...

...und als Milizpilot in einem Alouette-III-Helikopter.

Start zu einem Überwachungsflug entlang der

mee werden für die Beförderung von Truppenkommandanten und die rasche Verschiebung von Infanterie- oder Grenadiersoldaten eingesetzt, aber auch für die Versorgung abgeschnittener Truppenteile und die Bergung Verletzter. Am interessantesten, sagt Adjutant-Unteroffizier Hinnen, seien für ihn die taktischen Tiefflüge, das Transportieren von Aussenlasten sowie die Rettungseinsätze, «aber auch Sichtflüge nachts bei klarem Wetter».

Pierre-Alain Hinnen, geboren 1956, empfindet militärische Helikoptereinsätze als «Kompensation zu meinem Beruf». Es ist ein Beruf mit Zukunft: Computertechnologie. Der gebürtige Neuenburger hält die Aktienmehrheit an der Computernet SA, einer Informatikfirma in Yverdon, die er zusammen mit Freunden im Mai 1986 gegründet und aufgebaut hat und die Klein- und Mittelcomputer einführt, sie für den Schweizer Markt adaptiert und dann verkauft.

Neben dieser Hardware liefert die Firma auch die Software, wie Geschäftsführer Hinnen schildert: «Wir entwickeln die passenden Programme, organisieren den Service und die Reparaturarbeiten. Und das alles», klagt der Ingenieur HTL, «ergibt für mich regelmässig Zehn- bis Zwölf-Stunden-Tage.» Die gleicht er gern mit Sport aus: intensives Skifahren und Windsurfing, «auch im Ausland».

In der Jugend freilich lagen seine Interessen auf einer anderen Ebene:

Grenze zu Frankreich: Adjutant-Unteroffizier Pierre-Alain Hinnen mit den Grenzwächtern Roland Boillat (Mitte) und Peter Goetz.

Pierre-Alain Hinnen baute Modellflugzeuge. «Ich war begeistert von der Aviatik. Es war mein Traum, Pilot zu werden.»

Er wurde es. Nach den Fliegerischen Vorschulungskursen im jurassischen Porrentruy absolvierte der Romand 1978 die Flieger-Rekrutenschule in Locarno-Magadino: «Mir gefielen in der Ausbildung besonders die technischen Aufgaben im Zusammenhang mit der Fliegerei. Ich liebe präzise Arbeit und logisches Denken.» Deshalb wohl seine Begeisterung für das Arbeitsmittel der Zukunft, den Computer.

In der Militärfliegerei aber wählte er nicht den damals neu eingeführten Tiger-Jet, sondern die Alouette-Helikopter mit nicht mehr so neuer Technologie. Warum? «Erstens begeisterte mich die grosse Vielfalt der Heli-Aufgaben. Ausserdem sprach man damals, Ende der siebziger Jahre, in der Fliegertruppe ernsthaft von gepanzerten Kampfhelikoptern, die beschafft werden sollten.»

Kampfhelikopter sind bis heute nicht da. Die Beschaffungsprioritäten seien anders gesetzt worden, heisst es von offizieller Seite als Erklärung. Sind Sie enttäuscht, Monsieur Hinnen? «Ach wo! Mir gefällt meine Arbeit mit der Alouette.»

Nun sind die fünfplätzigen Alouette II und die leistungsstärkeren siebenplätzigen Alouette III tatsächlich nicht zum Kämpfen ausgerüstet. Im Gegenteil: zum Retten. Bei der Einsatzstelle für Lufttransporte der Flugwaffenbrigade 31

im obwaldnerischen Alpnach ist auch der Militär-Helikopter-Rettungsdienst (MHR) angeschlossen. «Pro Jahr», erläutert der zuständige Oberstleutnant Peter Baumgartner, Chef der Leichtfliegergruppe, «rücken unsere Helis zu rund hundert Rettungseinsätzen aus.»

Die gelten in erster Linie verunglückten Wehrmännern oder Teilnehmern von Jugend+Sport-Lagern. Doch auch bei rein zivilen Unfällen dürfen MHR-Helis angefordert werden, wenn ihr Einsatz zweckmässiger ist als die Alarmierung der Rega. Militärische Helikopter können auch – ausgerüstet mit speziellen AC-Spürsätzen – die radioaktive Verstrahlung der Erde aus der Luft messen, und sie versorgen vom Wintereinbruch überraschtes Vieh oder fliegen Käse und Rahm von der Alp in Tal. Kostenlos.

Adjutant Hinnens einstündiger Patrouillenflug mit den beiden Grenzwächtern im Waadtländer Jura war allerdings wenig ergiebig. «Wir konnten in den vierzig Minuten Einsatz nichts Verdächtiges entdecken. Einzig ein paar schreckerstarrte Hasen haben wir zu Gesicht bekommen.»

174/175 Der Alouette-III-Heli mit den zwei Grenzwächtern im Waadtländer Jura: «Wir halten Ausschau nach verdächtigen Vorgängen.»

176/177 Über dem Persgletscher im Berninagebiet: PC-9-Turboprop-Maschine in den Farben des Zielfliegerkorps mit Pilot Dieter Bircher.

Der Airbus-Captain als Schleppsackpilot im Zielfliegerkorps

Über zweiundzwanzig Jahre sei er bei der Swissair, sagt Airbus-Captain Dieter Bircher. «Aber nie habe ich das Fliegen als Arbeit empfunden.»

Ein blauer Postkartenhimmel wölbt sich über dem Flugplatz Samedan. Hauptmann Bircher empfindet wohl auch die Tätigkeit in der Oberengadiner Champagnerluft nicht als Arbeit: Er ist stellvertretender Kommandant einer vor fünfundvierzig Jahren aufgestellten Formation von Militärpiloten, die ihren Dienst in der Luft mehrheitlich für die Fliegerabwehr leisten: das Zielfliegerkorps (ZFK) 5.

Die ZFK-Angehörigen sind ehemalige Kampfpiloten. Sie alle begründen ihren Eintritt ins ZFK wohl ähnlich wie Hauptmann Bircher: «Ich wollte nach meinem altersbedingten Ausscheiden aus der Frontstaffel weiterhin auch im Militär Flugzeuge steuern.»

Zwar reden manche ZFK-Piloten sarkastisch von «fliegerischem Gnadenbrot,

Dieter Bircher auf dem Airbus-Simulator: Das zwanzig Millionen Franken teure Schulungsgerät ahmt einen Flug von der ersten Rollbewegun

das wir beim ZFK bekommen». Doch nichts wäre falscher als eine solche Sicht. Die ZFK-Piloten bilden nicht nur die personelle Reserve der Kampfstaffeln. Ihr Einsatz mit dem Vampire vom Gebirgsflugplatz Samedan – zugunsten übender Flab-Kanoniere auf dem nahen Schiessplatz S-chanf – stellt auch besonders hohe fliegerische Anforderungen.

«Solche Angriffsszenarien müssen sehr zuverlässig in den vorgeschriebenen Höhen und Tempi und der entsprechenden Elevation geflogen werden», betont Hauptmann Bircher, «damit die Flab bei ihren Auswertungen zu exakten Resultaten kommt.»

Den vierzigjährigen Vampire DH-100 kennt Dieter Bircher, Jahrgang 1944, nicht nur von der Ausbildung her. Der gelernte Feinmechaniker aus Winterthur war nach der Brevetierung zum Militärpiloten («Fliegen war ein Bubentraum») in die Vampire-Milizstaffel 14 eingeteilt worden. Beruflich liess er sich bei der Schweizerischen Luftverkehrsschule zum Linienpiloten ausbilden – damals noch auf der DC-3.

Als Swissair-Copilot sass Dieter Bircher in Caravelles und Coronados, wurde DC-9-Captain und ist heute Kommandant und Cheffluglehrer auf einem der modernsten Swissair-Jets: dem Airbus A-310.

Es ist ein gewaltiger technologischer Sprung, den Dieter Bircher als Flugzeugführer miterlebt hat: vom britischen

In Kloten: Dieter Bircher beim Programmieren eines Flugs im Simulator...

s zur Landung und zum Andocken täuschend nach.

...und als Captain im Airbus A-310 vor dem Swissair-Flug nach Istanbul.

179

De-Havilland Vampire, dem Vertreter der ersten Jet-Generation, bis zum Airbus mit Bildschirm-Computertechnologie, die dem Piloten selbst Fehlmanipulationen verzeiht. Der Vampire dagegen kannte einzig einen Kreiselkompass, war nicht blindflugtauglich, und allein für die Treibstoffkontrolle mussten fünf verschiedene Anzeigen abgelesen werden.

«Doch das rein fliegerische Erlebnis», erinnert sich der Vater von vier Kindern, «war früher stärker als heute, richtig ro-

mantisch.» Nach dem Verschwinden der Vampire als Kampfflugzeuge steuerte Hauptmann Bircher den Venom DH-112 in der Aufklärerstaffel 10.

Im ZFK schulte er auf ein noch älteres Flugzeug um: das Vorkriegsmodell C-3605, das ebenfalls als Sparringspartner im Dienst der Flab stand. Erst 1978 wurde die Flotte der letzten achtzehn C-3605 wegen zunehmender Triebwerkprobleme zurückgezogen. Als Ersatz verfügt das ZFK seit Herbst 1988 über ein

Topfabrikat: den PC-9 der Pilatus-Flugzeugwerke Stans. Der weltweit wohl leistungsfähigste Turboprop-Trainer ist eine Weiterentwicklung des erfolgreichen Schulflugzeugs PC-7 mit wesentlich höherer Triebwerkleistung, verfeinerter Aerodynamik und verbesserter Avionik. Er steigt doppelt so schnell wie der PC-7 und ist für 7-g-Belastungen ausgelegt.

Noch besitzt das ZFK erst zwei der aus Sicherheitsgründen auffällig gelbschwarz bemalten PC-9, von denen einer

PC-9 mit angehängtem Schleppsack über dem Persgletscher, im Hintergrund der Morteratschgletscher: Der fünf Meter lange Sack kann

in Samedan, der andere in Sion stationiert ist. Von Sion aus fliegt die Maschine zu den Flab-Schiessplätzen Reckingen/Gluringen im Oberwallis und Grandvillard im Kanton Fribourg. «Unser Wunsch wären insgesamt zwanzig PC-9», meint Hauptmann Bircher vorsichtig.

Vielleicht kommt es später auch zu einer Arbeitsteilung mit der Flugwaffe. Denn der Pilatus PC-9 eignet sich hervorragend fürs Tiefstflugtraining, womit teure Jet-Stunden eingespart und die Lärmbelastung verringert werden könnten. Vorerst aber stehen die PC-9 erst im Dienst der Flab. Sie können dank der Windenvorrichtung einen knapp fünf Meter langen Schleppsack ausfahren – den Visierpunkt für die Kanoniere an den 20- und 35-Millimeter-Geschützen der Fliegerabwehr.

Für die Piloten bedeutet das Einsätze von fast zwei Stunden pro Flug und bis zu dreimal am Tag. Doch ZFK-Angehörige sind sich lange Aufenthalte in Cockpits gewöhnt. Denn die Hälfte von ihnen sind Swissair-Flugzeugführer – doppelt so viele wie im Durchschnitt: von den insgesamt tausend Swissair-Piloten sitzen genau 26 Prozent auch an militärischen Steuerknüppeln.

ZFK-Piloten tragen vier Wochen Feldgrau im Jahr. Für Hauptmann Bircher ändert sich das bald: 1990 wird er Major und Kommandant des Korps.

Und er muss zwei Wochen mehr Dienst leisten.

bis tausend Meter ausgefahren werden.

ZFK-Hauptmann Dieter Bircher vor dem Start in der PC-9-Schleppmaschine...

...und im Flug im Berninagebiet. Unter dem Rumpf die Schleppsackwinde.

UeG-Piloten: die schnellsten Beamten der Schweiz

Seine Wurzeln hat er im Waadtländer Winzerdorf Cudrefin am Neuenburgersee. Seit drei Generationen lebt seine Familie hier, sein Vater besitzt ein Baugeschäft mit zwanzig Angestellten. Natürlich übersiedle er gerne für vier Wochen im Jahr samt Frau und Kindern als Fluglehrer nach Locarno-Magadino oder auch einmal für drei Monate zu Luft–Luft-Schiessen nach Schweden, sagt der Romand. «Aber ich könnte nicht von Cudrefin wegziehen. Das ist meine Heimat.»

Hauptmann Denis Baumann, Jahrgang 1951, ist Militärberufspilot im Überwachungsgeschwader (UeG) in Payerne und stellvertretender Staffelkommandant der Mirage-Staffel 17 mit 3700 Flugstunden. Es gebe wohl kaum eine interessantere Tätigkeit, schwärmt er: «Ich erlebe täglich Neues, bin Frontpilot, Fluglehrer, Luftkampfspezialist, Simulatorfluglehrer und konnte im Ausland bei Luft–Luft-Schiessen und Luftkampfkampagnen meine Kenntnisse erweitern.»

Tatsächlich gehören die 125 UeG-Mitglieder zu den Allroundern im Pilotenkorps, den am härtesten geschliffenen Flugzeugführern der Fliegertruppe. Sie werden in der Ausbildung kompromisslos auf Sieg trainiert. Denn anders als im Sport gibt es im Luftkampf keine silbernen oder bronzenen Medaillen – nur der Sieger überlebt.

Diese Devise galt bereits 1941, bei der Gründung des UeG mitten im Zweiten Weltkrieg, als immer mehr fremde Flugzeuge den Schweizer Luftraum verletzten und General Henri Guisan eine schnelle Eingreiftruppe forderte. So wurde das UeG zum einzigen permanenten Kampfverband der Armee und ist es bis heute geblieben. Fünf Mirage- und Tiger-Staffeln, die Aufklärer und eine Leichtfliegergruppe bilden das Rückgrat der Fliegertruppe. Diese Militärberufspiloten müssen, so die offizielle Definition, «jederzeit zur Sicherung der Neutralität im Luftraum bereit sein und haben im

Entspannung nach einem Mirage-Flug: Militärberufspilot Denis Baumann.

183

Ernstfall die Hauptlast der ersten Kampfstunden zu tragen».

Diesem weitgespannten Auftrag entspricht die anforderungsreiche Ausbildung der UeG-Piloten, der sich auch Denis Baumann unterzog. Für ihn war es eigentlich immer klar, dass er Fliegen zu seinem Beruf machen würde: «In erster Linie im Militär. Lange Zeit spielte ich auch mit dem Gedanken, zur Swissair zu gehen.» Die Liebe zur Fliegerei hatte sein Vater in ihm geweckt: «Er war Segelflieger, nahm mich häufig mit zum Flugplatz Bellechasse und startete mit mir im Doppelsitzer.»

Später machte Denis Baumann privat sein Segelflugbrevet und besuchte zusätzlich die Fliegerische Vorschulung auf Motorflugzeug in Lausanne. Im Gymnasium Neuchâtel bestand er die Matura Typ C («weil ich mir die Option eines Bauingenieurstudiums offenlassen wollte») und trat in die Pilotenschule in Locarno-Magadino ein. «Nach der Brevetierung wechselte ich ins UeG, denn ich wollte die Militärfliegerei mit allen ihren Aspekten kennenlernen.»

Bis Denis Baumann aber das vom Bundesrat unterschriebene «Diplom als Militärberufspilot» erhielt, wurde er in der Offiziersschule und in einem zusätzlichen intensiven, fünfsemestrigen Lehrgang zum hochqualifizierten Kampfpiloten auf Mirage III S im Beamtenstatus geformt. Die Ausbildung eines UeG-Piloten ist wohl die anforderungsreichste und

Hauptmann Denis Baumann im Druckanzug und Astronautenhelm...

...und im «Normaltenü» als Kampfpilot in einer Mirage III S.

auch teuerste Schulung – sie kostet den Bund um die drei Millionen Franken.

Man spürt im Gespräch, dass Hauptmann Baumann vor allem die Arbeit mit dem Mach-2-Jäger Mirage und damit schnellsten Jet der Fliegertruppe (der Tiger schafft Mach 1,6) fasziniert: «Ich werde mit der Mirage in erster Linie zu Interzeptionen, zu Abfangjagden, eingesetzt – die höchste Stufe eines Kampfpiloten.» Seine Erfahrung hat ihn dabei gelehrt, dass – neben der rechnergestützten Führung mittels Florida-Radarsystem und den Erfassungsmöglichkeiten des Bordradars – die frühzeitige visuelle Entdeckung des Gegners die beste Chance im Luftkampf bietet.

Die französische Mirage verlange von der Pilotage her viel, meint der Romand; sie sei anspruchsvoll und nicht einfach zu bedienen: «Man muss die fliegerische Enveloppe strikt einhalten.» Dafür biete die Avionik sehr grosse Möglichkeiten, und als Allwetterflugzeug könne die Mirage auch nachts eingesetzt werden.

Den UeG-Piloten aus dem Waadtland begeistert freilich nicht nur die anspruchsvolle Tätigkeit im Cockpit des Mirage-Jägers – er ist ebenso gern Fluglehrer: «Ich freue mich, wenn ich meine Erfahrungen dem Nachwuchs weitergeben kann.»

186/187 Im Gegenlicht: Mirage-Jagdpatrouille im Einsatz.

Flugbesprechung auf dem Stützpunkt Payerne: Mirage-Piloten Denis Baumann (links) und Pierre-Alain Clivaz von der Staffel 17.

Harter Weg ins Cockpit

Achtzehntausend junge Menschen melden sich jedes Jahr für die Fliegerische Vorschulung. Zwanzig erhalten schliesslich das Brevet als Militärpilot. Das heisst: 99 von 100 scheiden nach einem unerbittlichen Auswahlverfahren aus. Gefordert werden die angehenden Piloten aber nicht nur im Cockpit: Da stehen in Überlebensübungen auch Absprünge in voller Ausrüstung in den See auf dem Programm. Selbst der ausgebildete Staffelpilot wird zusätzlich belastet: Er leistet dreimal soviel Militärdienst wie andere Wehrmänner im Auszugsalter und muss seine Lebensversicherung aus der Flugentschädigung selber bezahlen.

188/189 Wie ein Fisch an der Angel: So hängt auf diesem ungewöhnlichen Bild ein Mensch in der Luft...

190/191 ...und wird im nächsten Moment aus drei Metern Höhe in den 14 Grad kalten Neuenburgersee fallen. Es ist ein Militärpilot, der nach einem möglichen Ausstieg per Schleudersitz den Sturz ins Wasser trainieren muss. Das Überwachungsboot der Schweizer Armee wurde für solche Übungen mit einem Kran ausgerüstet, der den Spitznamen «Giraffe» erhalten hat.

Die Giraffe wirft den Piloten ins Wasser

Pilot Gabriel Clerc hängt an der «Giraffe», dem Schiffskran mit der eigenwilligen Form, wie ein Fisch an der Angel. Auf ein Kommando klinken die Instruktoren die Haltevorrichtung aus – der Pilot fällt aus drei Metern Höhe ins vierzehn Grad kalte Wasser des Neuenburgersees.

Nach dem Auftauchen kämpft er sich mühsam auf den Rücken, um Luft holen zu können. Dann löst er schnell die Bein- und Schultergurten, die ihn via Leine noch immer ans Boot koppeln (und die ihn im Ernstfall mit dem Fallschirm verbinden würden). Unterdessen hat sich das kleine Rettungsboot aus dem Notpaket automatisch aufgeblasen. Gabriel Clerc klettert hinein, schöpft mit dem Helm das eingedrungene Wasser heraus, zieht die aufblasbare Spritzdecke über den Kopf, die ihn vor Kälte schützt... und wartet auf die Retter.

Oberleutnant Clerc aus Préverenges bei Lausanne, Mitglied der Mirage-Staf-

Der Pilot hat sich nach dem Eintauchen auf den Rücken gekehrt und versucht jetzt, die Bein- und Schultergurten zu lösen, die ihn via

fel 17, hat damit seine Seerettungsübung hinter sich, die seit 1985 jeder Jetpilot einmal trainieren muss. «Für die Flugzeugführer sind solche Übungen wichtig», meint der Romand. «Nur darüber zu theoretisieren genügt nicht. Wenn der Pilot tatsächlich einmal mit dem Schleudersitz herauskatapultiert wird, muss er sein Verhalten in der Luft und beim Aufprall zumindest einmal geübt haben.»

Oberleutnant Clerc hat es freilich schon zweimal geübt – das erste Mal in der Testpilotenschule der Navy in den USA, «aber das fand in einer eigens dafür errichteten Halle statt, und das Wasser war viel sauberer», lacht er. Der Waadtländer Ingenieur ETH war neun Jahre Testpilot in der Gruppe für Rüstungsdienste (GRD) in Emmen, bevor er 1988 zurück in die Romandie zog und heute im Management der ETH Lausanne tätig ist. «Es war eine hochinteressante Zeit in Emmen», sagt Gabriel Clerc rückblickend. Verständlich: Er flog nicht nur regelmässig alle Jets der Fliegertruppe – er steuerte auch die französische Mirage 2000 und, 1984, als erster Schweizer Pilot den topmodernen F/A-18, von dem die Flugwaffe 34 Stück beschaffen will.

Heute freilich fliegt Oberleutnant Clerc als Milizpilot nur noch während sechs Wochen im Jahr. Und nur noch das Flugzeug seiner Staffel 17, den Mirage-Jäger III S. Aber auch mit dem kann man über Wasser ins Trudeln geraten.

Vorsichtig klettert er ins Rettungsboot, das sich inzwischen aufgeblasen hat...

...Leine noch ans Boot koppeln.

...und schöpft mit dem Helm sofort Wasser heraus. So erwartet er die Retter.

Ausstieg
2000 Meter über dem
Neuenburgersee

Der Pilatus Porter schraubt sich brummend in die Höhe. 1500 Meter, 1800, 2000 Meter: jetzt! Toni Gasser überprüft mit einem schnellen Blick nochmals die Ausrüstung und springt ins Leere. Nach kurzem freiem Fall zieht er die Leine und schwebt am Schirm sanft abwärts – direkt in den Neuenburgersee, vor Chevroux am Südufer.

Der Fall ins Nasse war geplant. Denn Mirage-Pilot Toni Gasser, Fachoffizier für Ausrüstung und Überleben in der Flug-

waffenbrigade 31, zeigte seinen zuschauenden Pilotenkollegen realistisch, wie sie sich nach einem Notausstieg über einem Gewässer zu verhalten haben. Ausserdem, sagt Hauptmann Gasser, «wollte ich demonstrieren, dass während des Falls genügend Zeit für die notwendigen Manipulationen bleibt».

Das heisst im Detail: Überprüfen, ob sich die Fallschirmleinen nicht verwikkelt haben, die Sauerstoffmaske abziehen, das Fallschirmgurtenschloss ent-

Hauptmann Toni Gasser demonstriert realistisch das «Wassern» eines Militärpiloten, hier im Neuenburgersee bei Chevroux.

sichern, das Notpaket mit dem Schlauch-
boot an der knapp vier Meter langen
Leine absenken und zuletzt die
Schwimmweste aktivieren.

Sechsmal bereits hat Hauptmann Gasser diesen Absprung demonstriert. Er
war es, der 1985 zusammen mit Adjutant-
Unteroffizier Walter Bircher, Fachinstruk-
tor Survival, das Überlebenskonzept aufgebaut hat: «Es wurde notwendig, seit
die Fliegertruppe über dem Mittelmeer,
an der Küste Sardiniens, Überschalljagd

im unteren Höhenbereich trainiert.» Dass
gerade der am Murtensee lebende Berner, Jahrgang 1946, diese Aufgabe erfüllt,
ist kein Zufall: «Ich liebe die Natur, die
Berge, das Wasser.»

Toni Gasser hat sich sorgfältig auf
seine neue Aufgabe vorbereitet: Er erhielt die Grundausbildung im Fallschirmspringen bei den Fernspähern, besuchte
Fallschirmjägerkurse in Schweden, nahm
an einer harten Überlebensübung in den
französischen Pyrenäen teil und belegte

einen medizinischen Lehrgang in Grossbritannien.

Ungewöhnlich war schon Toni Gas-
sers Weg in die Fliegertruppe: Als
dreiundzwanzigjähriger Infanteriekor-
poral absolvierte er nachträglich die Pilotenschule, trat ins Überwachungsgeschwader ein und war zuletzt Kommandant der Mirage-Staffel 17 in Payerne.

Er steuert noch heute Mirage-Jäger:
Hauptmann Gasser ist Reservepilot im
Fliegerregiment 2.

Der Pilot schlägt mit acht Metern pro Sekunde auf, versinkt und...

...wird nach dem Auftauchen vom Schirm über den See geschleppt, bis er sich löst.

195

Ein Boot ist viel wärmer als das Schneebiwak

Graben ist sich Leutnant Michel Moor gewohnt. Denn der Tiger-Pilot aus Yverdon war Grenadierkorporal und hatte bereits einige Wochen Offiziersschule besucht, bevor er seine Grenadierspiegel zurückgab, die militärische Karriere nochmals startete und als Pilotenanwärter in Locarno-Magadino einrückte.

Jetzt gräbt er wieder – aber nicht Schanzlöcher, sondern ein Schneebiwak als Rettungsübung. Jetpiloten müssen mit der Vorstellung leben, ihre Maschine möglicherweise einmal mit dem Schleudersitz verlassen zu müssen. Und dann ist die Chance gross, dass sie mit dem Fallschirm auf einem Gletscher oder einem schwer zugänglichen Schneehang landen. Um eine kalte Nacht ohne Erfrierungen zu überleben, gibt's nur eines: ein Biwak graben.

Und das müssen die Piloten zuvor einmal trainieren.

«Drei Stunden habe ich geschwitzt, bis mein Schneeloch fertig war», stöhnt

Leutnant Michel Moor schlüpft in den Schlafsack, den er aus seinem Fallschirm gefertigt hat.

der Romand von der Tiger-Staffel 18. Der Eingang ist eng, er muss sich hineinzwängen. Doch drinnen ist es einigermassen bequem. Er sitzt auf seinem Fallschirm, aus dem ein Schlafsack geworden ist.

Das Notpaket, das im Tiger F-5 immer am Mann ist und bei einem Ausstieg in der Luft zusammen mit ihm hinauskatapultiert wird, enthält warme Wäsche, Handschuhe, einen Notkocher, eine Schaufel und 6000 Kalorien in Form von Zucker, Bisquits, Schokolade, Tee. Ausserdem eine Pistole mit Signalraketen und einen Notsender, um die eigene Position anzuzeigen. Das tönt alles sehr einleuchtend. Aber was ist, wenn sich der Pilot beim Absturz verletzt? Wenn die Wirbelsäule gestaucht oder ein Bein gebrochen ist? Und er das Biwak nicht graben kann? «Ein bisher ungelöstes Problem», bedauert Militärberufspilot Moor, seit 1984 Mitglied des Überwachungsgeschwaders (UeG) in Payerne.

Das ändert sich jetzt. Vom Sommer 1989 an gehört ein wärmeisoliertes Rettungsboot ins Notpaket. Das lässt sich aufblasen und abschliessen. Leutnant Moor: «Tests in der kalten Monte-Rosa-Region haben ergeben, dass es im Boot wärmer wird als in einem Schneebiwak.»

Vor allem muss man vorher nicht drei Stunden graben.

198/199   Kurz nach dem Start: das Grundschulflugzeug PC-7.

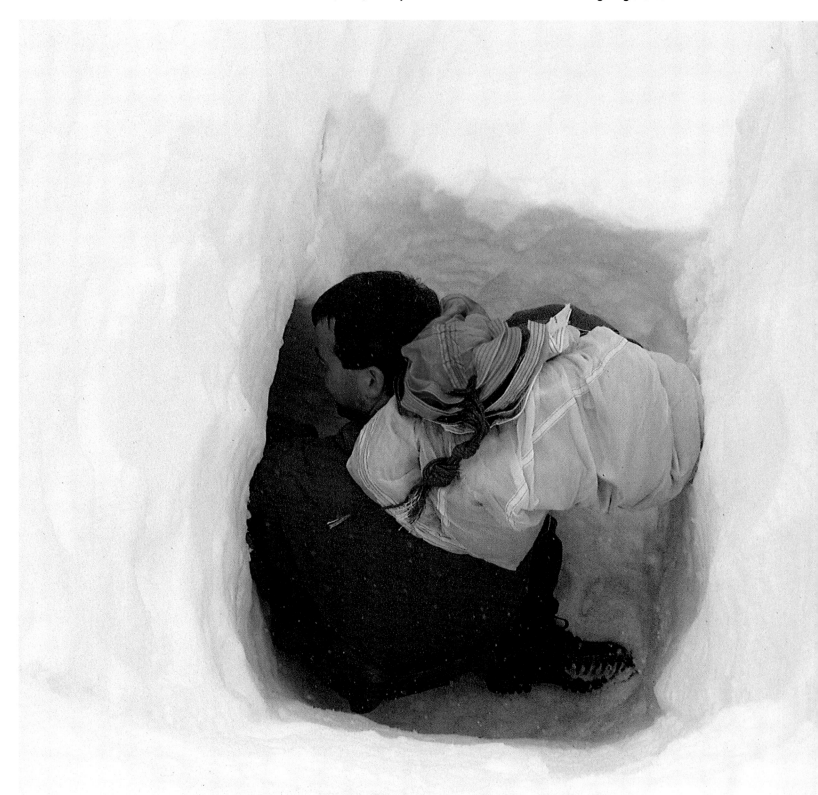

Das Einsteigen ins Biwak ist schwierig. In Zukunft wird ein Rettungsboot das «Fallschirmbett» ersetzen.

Nach der Härteübung ein Psychotest

An seinem Wohnort im St.-Galler Rheintal hörte er die Vampire, Venom und Hunter, wenn sie für Revisionsarbeiten den nahen Flugplatz Altenrhein am Bodensee ansteuerten. «Das weckte in mir das Interesse für die Aviatik», sagt Stefan Wicki aus St. Margrethen. Mit dem Velo pedalte der Sekundarschüler jeweils die zehn Kilometer zur Piste, um sich stundenlang den Flugbetrieb anzusehen.

Verständlich, dass er Pilot werden wollte. Während seiner Elektronikmecha-niker-Lehre besuchte er die Fliegerische Vorschulung – auf Bravo-Flugzeugen – in Altenrhein, und nach Überwindung aller Selektionsklippen konnte er sich für die Fliegerrekrutenschule qualifizieren.

So steht denn der knapp Volljährige am 4. Januar 1988 mit seinem Köfferchen auf dem Militärflugplatz Locarno-Magadino. Insgesamt rücken 28 junge Männer ein. Drei werden in den ersten Tagen aus medizinischen Gründen zurückgestellt, einer verlässt freiwillig die Gruppe, weil

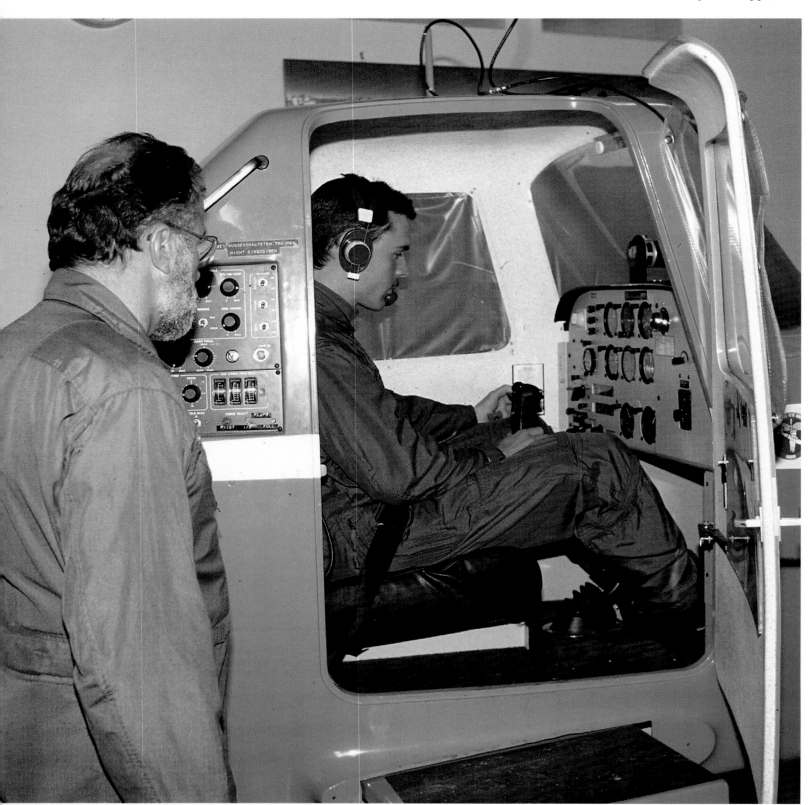

Auf dem Flugplatz Locarno-Magadino: Instruktor Ueli Brand (links) überwacht Pilotenanwärter Stefan Wicki...

ihm das Programm «zu schwer» erscheint.

Mit 24 Pilotenanwärtern beginnt die Rekrutenschule. Sechs sind Handwerker, zwei haben einen Technikumsabschluss (HTL), sechzehn sind Maturanden oder ETH-Studenten.

Hochleistungsjäger wie der Tiger F-5 oder die Mirage III S sind teure und komplexe Fluggeräte. Das Beherrschenlernen einer solchen Maschine erfordert klug durchdachte Ausbildungsmetho-den und Lernschritte. Deshalb wird die Pilotenrekrutenschule in Selektionsphasen eingeteilt. «In dieser Zeit wollen wir jene Talente finden, die sich mit achtzigprozentiger Sicherheit für die Ausbildung zum Militärpiloten eignen», begründet Schulkommandant und Pilot Josef Peyer dieses Vorgehen.

In den ersten vier Wochen spielen Flugzeuge noch keine Rolle: Die Pilotenanwärter werden geschlaucht wie die Grenadierrekruten. Da stehen nächtliche Leistungsmärsche, Härteübungen, Postenläufe, Biwaks und Psychotests auf dem Programm. Oberst Peyer: «In dieser Selektionsphase werden die Rekruten hinsichtlich Persönlichkeit, Belastbarkeit, militärischem Verhalten, Lernfähigkeit und Koordinationsvermögen überprüft.»

Fünf junge Männer überstehen diese harten vier Wochen nicht. Sie werden in die Rekrutenschule der Flieger-Bodentruppen nach Payerne versetzt.

...der im Gat-Simulator (General Aviation Trainer) die Grundmanipulationen für den Instrumentenflug übt.

Stefan Wicki ist noch dabei: «Man hat uns an die Grenzen unserer psychischen und physischen Belastbarkeit geführt», schildert der Sankt-Galler. «So durften wir etwa nach einer nächtlichen Härteübung am Morgen nicht ins Bett – es gab noch einen Psychotest.» Den Wochenendurlaub zu Hause nutzte Stefan Wicki «zum Schlafen und Lernen». Aber er habe «ein gutes Gefühl für die Fortsetzung».

Neunzehn Pilotenanwärter sind in der zweiten vierwöchigen Selektionsphase noch dabei.

Jetzt geht's in die Luft. Neben der Grundausbildung für den Instrumentenflug im Gat-Simulator (General Aviation Trainer) stehen die ersten zwanzig Flugstunden am Doppelsteuer des leistungsstarken Turbotrainers PC-7 auf dem Programm. Der zweiplätzige Tiefdecker der Pilatus-Flugzeugwerke in Stans gilt weltweit als ideales Gerät für die Grundausbildung im Verbandsflug, im Erd- und Luftkampf. Die Armee hat vierzig PC-7 beschafft, die sich wie Jets fliegen lassen, auch wenn sich vorne ein Propeller dreht. Oberst Peyer: «Um den Kanton Tessin vom Lärm zu entlasten, werden Übungen mit dem PC-7 in grosser Höhe und weit weg vom Flugplatz durchgeführt.»

Stefan Wicki übersteht auch diese zweite Selektionsphase: «Anfangs fühlte ich mich im PC-7 fast ein wenig überfordert. Zwar hatte ich bereits 38 Stunden am Steuer eines Motorflugzeugs hinter mir – das lässt sich jedoch nicht mit dem schnellen und schnell steigenden PC-7 vergleichen.»

Doch für neun andere Pilotenanwärter ist jetzt das Aus gekommen. Sie müssen sich in die Kaserne der Flieger-Bodentruppen nach Payerne verschieben. Unter ihnen ist der Maturand Daniel Frey aus Olten. «Natürlich bin ich enttäuscht», gibt er zu. «Alles andere wäre gelogen.» Ihm sei bewusst gewesen, auf was er sich einlasse, und er habe sich einzelne Ziele gesetzt: «In den ersten vier Wochen wollte ich unbedingt durchhalten, um anschliessend zumindest PC-7 fliegen zu können.»

Das ist ihm gelungen. Und er weiss auch, weshalb er nicht reüssiert hat: «In Stresssituationen im Gat-Simulator machte ich regelmässig Fehler, wenn mehrere Entscheidungen praktisch gleichzeitig gefällt werden mussten.»

Der begeisterte Segelflieger absolviert jetzt an der ETH Zürich ein Architekturstudium. Im Militär, eingeteilt bei den Leichtflieger-Bodentruppen, ist er inzwischen Korporal und will noch die Offiziersschule besuchen.

4.1.88, Locarno-Magadino: Fünfundzwanzig Pilotenanwärter vor dem PC-7...

...nach vier Wochen sind's noch neunzehn...

...nach acht Wochen noch zehn...

...und zuletzt vier (ganz rechts Wicki), jetzt vor den Vampire in Emmen.

Dass Ausgeschiedene Enttäuschungen verkraften müssen, ist Oberst Peyer wohlbekannt: «Unsere Selektionskriterien erlauben es jedoch, alle Kandidaten mit der grösstmöglichen Objektivität zu vergleichen. Das Verhältnis Pilotenanwärter–Lehrpersonal beträgt annähernd 1:1.»

Die zehn verbliebenen Pilotenanwärter erfliegen in den letzten neun Wochen der Rekrutenschule nach und nach das gesamte mögliche Spektrum des PC-7: Kunstflug, Aussenlandungen, Höhenflüge, insgesamt 120 Stunden. Dann wird die Zehnergruppe nochmals um fünf Kameraden dezimiert – aber das war geplant: Es sind die Helikopterpilotenanwärter, die sich von den Jet-Kollegen trennen und im November 1988 auf dem Tessiner Militärflugplatz Lodrino ihre fliegerische Ausbildung auf dem französischen Alouette-II-Heli fortsetzen.

Einer von ihnen ist Rudolf Engeler aus Olten: «Ich glaube, die Jetfliegerei würde mir nicht gefallen.» Ihn faszinieren, wie er sagt, die Bewegungen des Heli im Raum, die verschiedenen Geschwindigkeiten von Tempo null (Stillstand in der Luft) bis 300 Stundenkilometer (im Super-Puma), das Fliegen im Gelände.

Für die restlichen fünf Pilotenanwärter, darunter auch Stefan Wicki, folgt nun eine zweiwöchige Fachschule und gleich anschliessend die vierwöchige Unteroffiziersschule. Dann ist ein erster Ausbildungsblock zu Ende. Die Pilotenanwärter werden zu Korporalen befördert.

Nach drei Wochen Ferien geht's aber sofort weiter. Es beginnt die Pilotenschule I, in deren 23 Wochen die fünf jungen Männer auf Jets umgeschult werden, welche älter sind als sie selbst: die englische Vampire DH-115 (Doppelsitzer) und DH-100 (Einsitzer). Sie stehen seit vierzig

Im PC-7-Cockpit: Pilotenanwärter Stefan Wicki aus St. Margrethen. Er hat alle Selektionsphasen überstanden.

Jahren im Dienst der Fliegertruppe. Das wird sich jetzt allerdings ändern: «Ab 1990 stehen uns die modernen Hawk-Trainer von British Aerospace zur Verfügung», sagt Schulkommandant Josef Peyer. Der Bauernsohn aus dem luzernischen Emmen, ehemaliger Tiger-Geschwaderführer und Absolvent der Ecole supérieure de guerre interarmée in Paris, freut sich besonders auf den Jettrainer Hawk: «Ein ideales Flugzeug für die Schulung.»

Oberst Peyer ist überzeugt, dass er die fünf verbliebenen Pilotenanwärter zur Brevetierung führen wird: «Sie bringen alle die notwendigen Voraussetzungen mit, die wir an einen Militärpiloten stellen.» Dass einer der fünf wenig später im Wochenendurlaub mit einem Kleinflugzeug in Thun tödlich abstürzt, ist deshalb besonders tragisch.

So geht die Pilotenschule I mit nur vier Korporalen weiter. Die kleine Zahl habe den Vorteil, betont der langjährige Kampfpilot Peyer, dass sich «das Instruktions- und Lehrpersonal intensiv mit jedem einzelnen Pilotenanwärter beschäftigen» könne. Der Rheintaler Wicki ist weiterhin dabei und fliegt mit Begeisterung den Vampire: «Er unterscheidet sich stark vom PC-7. Alle Abläufe im Vampire sind schneller, man muss in kürzerer Zeit mehr Entscheidungen treffen.»

Nach dem zweiten Ausbildungsblock von 23 Wochen sind wieder Ferien fällig:

Daniel Frey aus Olten: Als Pilotenanwärter im PC-7...

ein Monat diesmal. Dann beginnt die siebenwöchige Pilotenschule II, gefolgt von der siebzehnwöchigen Piloten-Offiziersschule. Denn seit der Neustrukturierung der Ausbildung 1987 müssen sich alle Pilotenanwärter verpflichten, Offiziere zu werden – es wird in Zukunft keine Unteroffiziere in den Cockpits der Helikopter und Jets mehr geben.

Bevor die angehenden Kampfpiloten jedoch in die Pilotenschule II eintreten, wird ein wichtiger Entscheid getroffen:

Erd- oder Luftkampf? Ausbildung auf dem Hunter-Jagdbomber oder dem Tiger-Raumschutzjäger?

Stefan Wicki und seine drei Kameraden wählen den Luftkampf. Es erwartet sie eine interessante, aber schonungslose Ausbildung. Sie werden unendlich viel Theorie büffeln und drillmässig Grundfertigkeiten der Luftkampftaktik einüben, um später auch unter schwersten Belastungen des Kampfgeschehens ihren Auftrag erfüllen zu können.

Und wenn sie nach insgesamt siebzig Wochen Schulung am 23. Juni 1989 auf dem Tiger brevetiert werden, sind sie gleichzeitig Leutnant, Militärpilot und Angehöriger einer Frontstaffel.

Dort geht die Ausbildung weiter. Denn noch keiner von ihnen ist zu diesem Zeitpunkt ein richtiger Luftkampfspezialist.

206/207 Ein ungewöhnliches Foto aus dem Fliegerärztlichen Institut... Des Rätsels Lösung findet sich auf Seite 208.

...und als Angehöriger der Flieger-Bodentruppen, der einen Helikopter einweist. Er hat die Selektionsphasen nicht überstanden.

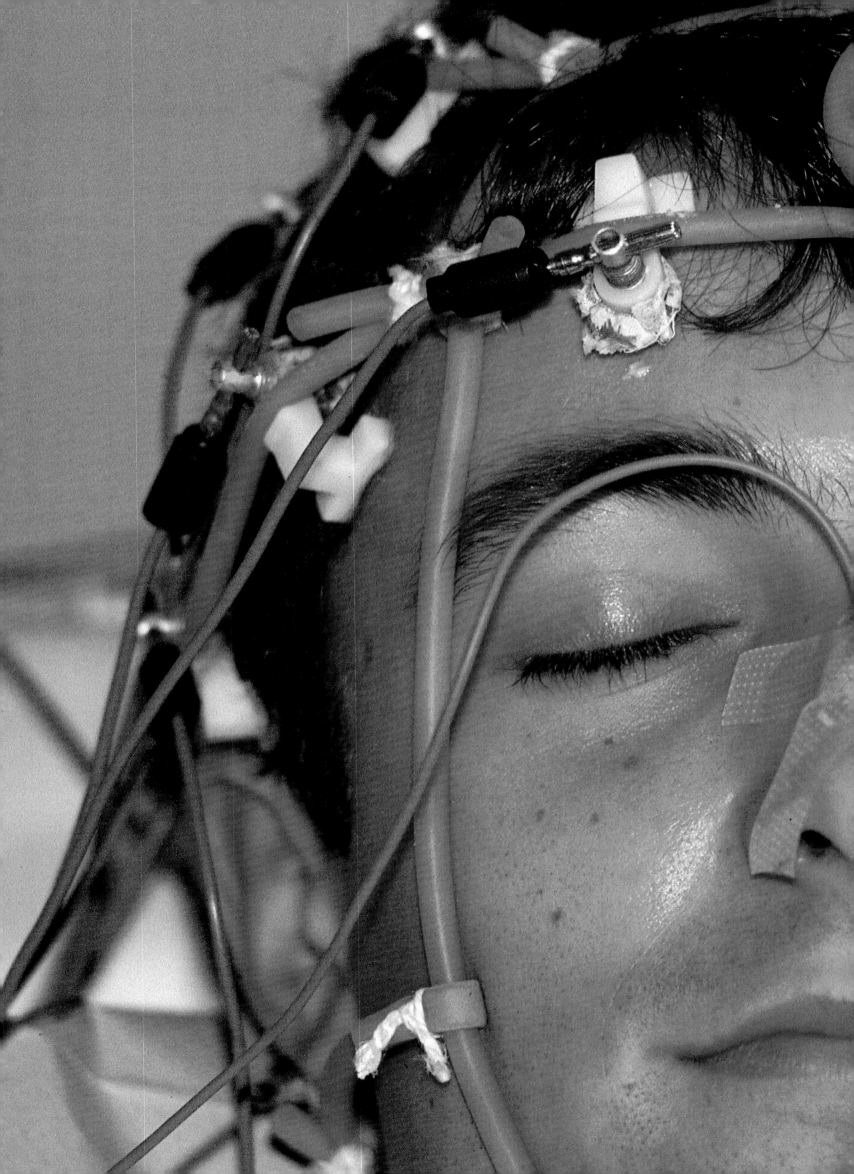

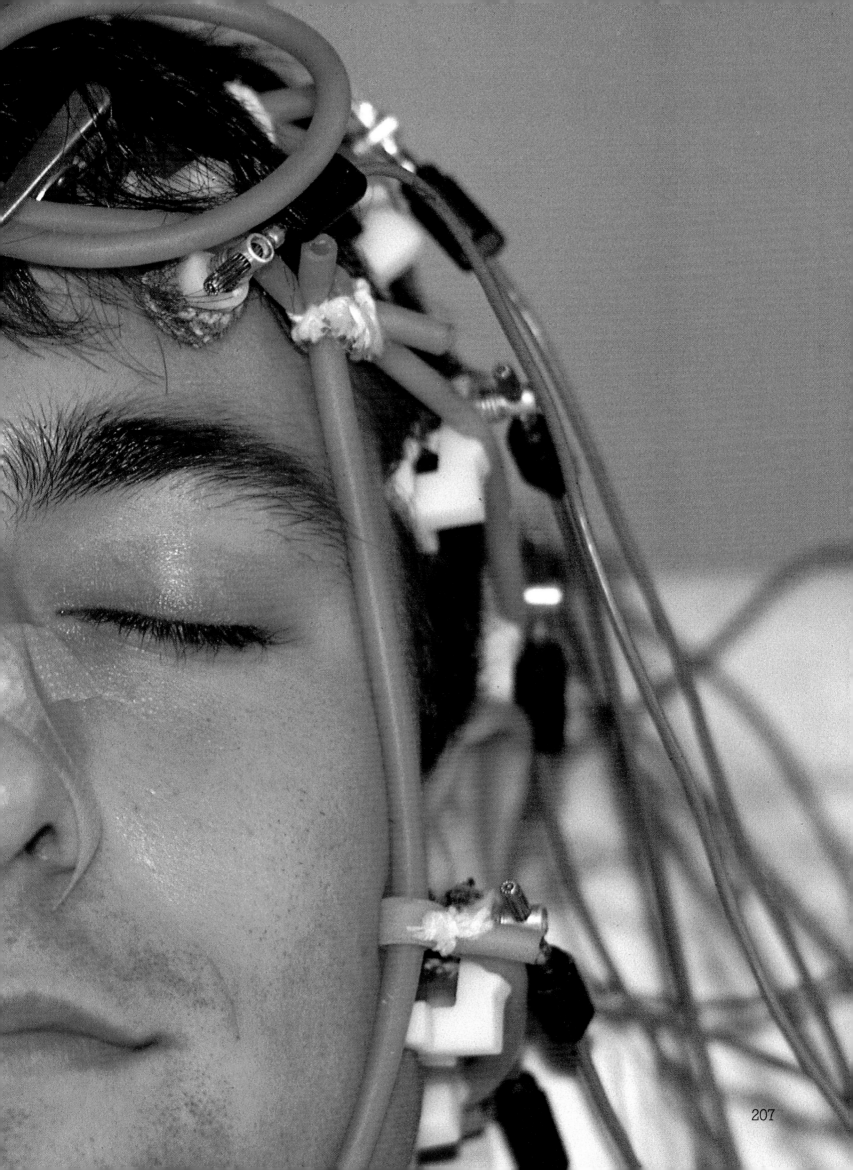

Nicht nur Brillenträger haben keine Chance

«Ihr, die ihr da eintretet, lasst alle Hoffnung fahren.» Zwar steht dieses Dante-Wort nicht über dem Eingang, so wenig wie die aufgebotenen Besucher eine «Göttliche Komödie» erwartet. Dennoch: Im Fliegerärztlichen Institut (FAI) in Dübendorf zerplatzen Träume und Hoffnungen junger Menschen, werden Weichen fürs Leben gestellt.

Jährlich melden sich rund 1800 männliche (und einige wenige weibliche) Bewerber beim Aero-Club der Schweiz für die Fliegerische Vorschulung (FVS). Denn der Weg zu einer Berufspilotenkarriere in der Zivilluftfahrt oder im Militär führt über die FVS, organisiert vom Aero-Club und finanziert vom Bund.

Einer der Interessenten 1984 ist Rudolf Engeler aus Olten. Er wächst nahe dem örtlichen Flugplatz auf, sein Vater ist Segelfluglehrer. Der Sohn will im Militär Helikopterpilot werden. Als er sich mit siebzehn für die FVS einschreibt, ist er Mechanikerlehrling. Einige seiner Mit-

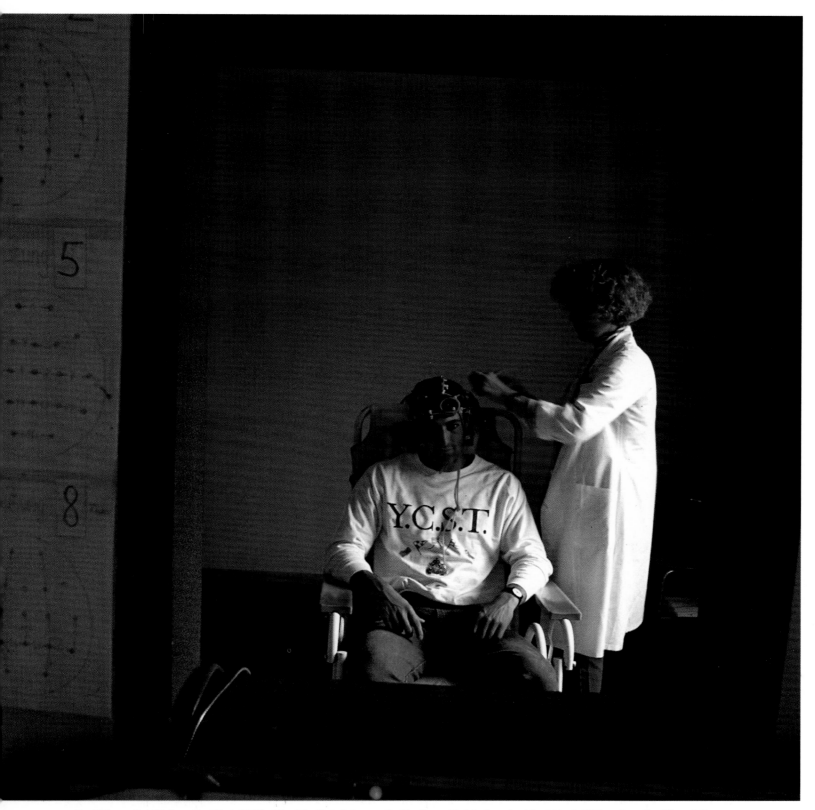

Im Fliegerärztlichen Institut (FAI): Die Medizinlaborantin Barbara Rebholz misst bei Rudolf Engeler die Hirnströme...

bewerber scheitern bereits jetzt an Äusserlichkeiten: Sie sind Brillenträger, grösser als 1,90 oder kleiner als 1,60 Meter. Für den Grossteil der Kandidaten aber ist wenig später Endstation bei den psychologischen Eignungstests im FAI: wegen ungenügender intellektueller Leistungsfähigkeit, nicht ausreichender Motivierung und Fehlen der geforderten Persönlichkeitseigenschaften.

Natürlich bleibt mitunter ein fliegerisches Talent in diesem Raster hängen,

gibt Chefarzt Alfred Gubser, Direktor des FAI, offen zu: «Aber wir müssen im Interesse der Sicherheit so streng selektionieren, damit die spätere Ausfallquote möglichst gering bleibt.»

Die Tests seien so gestaltet, dass vor allem die *negativen Eigenschaften* herausgefiltert werden können, erklärt Alfred Gubser: «Dieser Negativraster ist so gut, dass ein Kandidat auf der Strecke bleiben *muss,* wenn er den Anforderungen nicht entspricht.» Im übrigen richte

sich das FAI bei der Selektion auch nach den Vorgaben des Kommandos der Flieger- und Fliegerabwehrtruppen bezüglich Bedarf an Nachwuchspiloten.

Von den im FAI Gescheiterten haben 85 Prozent die *psychologischen Tests* nicht bestanden. Diese hohe Ausfallquote erklärt sich wohl auch damit, dass der Militärpilot Eigenschaften haben muss, die sich widersprechen: Er sollte ebenso risikobereit wie streng diszipliniert sein, einerseits selbständig han-

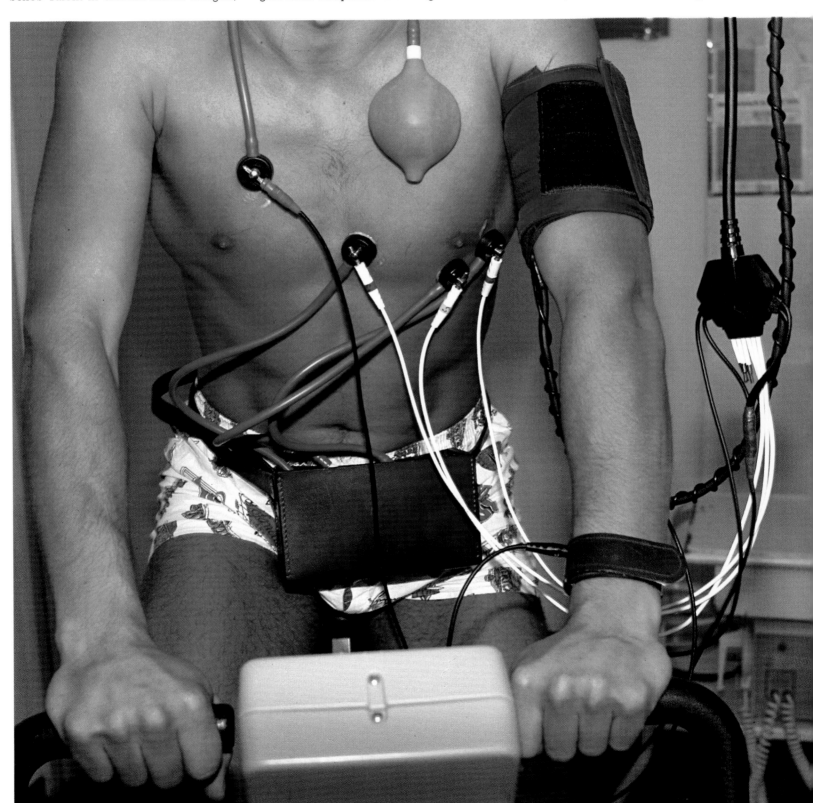

...und anschliessend wird das Herz des Pilotenanwärters unter Belastung beobachtet.

209

deln und anderseits konsequent den Instrumenten und Verbandskameraden folgen.

270 von insgesamt 1800 Bewerbern bestehen diese Talentabklärung des FAI. Unter ihnen Rudolf Engeler. Mit achtzehn absolviert er den ersten Fliegerischen Vorschulungskurs – dreizehn Flugstunden – auf einmotorigen Bravo-Maschinen in Grenchen. Zusammen mit ihm dürfen nach Überprüfung der fliegerischen Eignung ein Jahr später 180 Kandidaten den zweiten Kurs besuchen, wieder dreizehn Flugstunden. Rudolf Engeler absolviert ihn in Bern-Belpmoos.

Jetzt bleiben noch 140 Anwärter übrig. Zwanzig entscheiden sich für eine Linienpiloten-Laufbahn und melden sich bei der Schweizerischen Luftverkehrsschule SLS. Die übrigen 120 wollen Militärpilot werden.

Vor der Rekrutenschule werden die Pilotenanwärter nochmals im FAI auf ihre Eignung überprüft. Diesmal spielen auch medizinische Gründe eine wichtige Rolle. Die Selektion gründet sich auf vier Kriterien: Da werden zunächst *Herz und Kreislauf* untersucht, dann die *Wirbelsäule*, die in Hochleistungsflugzeugen starken Belastungen ausgesetzt ist. Drittens die *Sinnesorgane*, denn ein intaktes Gehör, lupenreine Sehschärfe sowie die Fähigkeit zum räumlichen Sehen sind Grundbedingungen. Ferner darf die *Hirnstromkurve* keine krankhaften Befunde verraten, wie beispielsweise eine

Pilotenanwärter Rudolf Engeler im Alouette-II-Ausbildungshelikopter. Rechts: Fluginstruktor Robert Friedrich.

erhöhte Disposition zu Krampfanfällen, mit der die Gefahr eines plötzlichen Bewusstseinsverlusts verbunden ist.

Aber auch der Psychiater schaltet sich noch einmal ein. Er kann dabei nicht nur die Leistungen in den FVS-Kursen berücksichtigen, sondern auch die Entwicklung der jungen Männer über vier Jahre hinweg beurteilen – eine Möglichkeit, um die ausländische Flugmediziner die Schweiz beneiden. Überhaupt geniesst das Dübendorfer Institut mit sei-

nen vierzehn Ärzten und Assistenzärzten in der internationalen Fachwelt hohes Ansehen. So hat das FAI bei der Erforschung der Auswirkungen von Sauerstoffmangel auf den menschlichen Körper bahnbrechende Arbeit geleistet. Zuletzt half es mit, einen neuen leichten Fliegerhelm zu entwickeln, der durch bessere Anpassung an den Kopf die Halswirbelsäulen-Beschwerden des Piloten bei einem Notausstieg per Schleudersitz verringern soll.

Rudolf Engeler hat auch die letzte FAI-Hürde genommen und rückt Anfang Januar 1988 – zusammen mit den Jetpiloten-Anwärtern – in die Rekrutenschule im Tessin ein. Insgesamt sind es, in zwei Schulen im Frühjahr und Sommer, rund siebzig Kandidaten – knapp vier Prozent jener, die sich als Siebzehnjährige beim Aero-Club für die FVS gemeldet haben.

Brevetiert werden von diesen siebzig Anwärtern pro Jahr zwanzig Jet- und Helikopterpiloten.

Heli-Schüler Engeler vor der Alouette II auf dem Flugplatz Lodrino...

...und im Flug mit Adjutant-Unteroffizier Robert Friedrich (rechts).

211

Du weisst nicht, ob du auf dem Rücken fliegst

Wolken. Rundum bleiernes, undurchdringliches Grau. Was ist oben, was unten? Ein kribbliges Gefühl. Tiger-Pilot Ugo Giannini, ein Tessiner aus Losone, ist auf dem Heimflug. Er muss seinen Stützpunkt erreichen.

In der abgedunkelten Anflugleitstelle der Basis Emmen überwacht Flugverkehrsleiter Sergio Scalabrini, der *operator,* seinen Rundsuchradar, auf dem er sechzig Kilometer weit in den Luftraum blicken kann. Er sieht den anfliegenden

Tiger und kommt dem Piloten zu Hilfe, nachdem der sich mit seiner Flugzeugnummer identifiziert hat.

Oberleutnant Giannini hört die Stimme des Operators im Funk und weiss jetzt, dass er auf dem Bildschirm erfasst worden ist und sicher zum Endanflug gelotst wird. «Ich muss einfach dem Operator vertrauen», meint der Tessiner lakonisch. Ein unangenehmes Gefühl. Der Tiger sticht mit 340 Stundenkilometern durch die weisslichgraue Suppe. Der Pilot hat

Im Instrumentenflug (hier das hintere Tiger-Cockpit) beachtet der Pilot nur seine Flugüberwachungsinstrumente.

keinen Anhaltspunkt über seinen Standort im weiten Luftraum: «Nach einiger Zeit merkt man nicht einmal mehr, ob man auf dem Rücken fliegt.»

Ugo Giannini, Mitglied der Tiger-Staffel 1 und seit Anfang 1989 in der Ausbildung zum Swissair-Piloten, hat mit über 1500 Flugstunden schon viel Erfahrung als Luftkämpfer. Er weiss, dass er sich in dieser Situation auf den Mann an der Radarkonsole verlassen kann, den er nicht sieht, nur hört. Und der gibt ihm jetzt den Kurs an, den er einhalten muss, die Minimumhöhe, die vorgeschriebene Geschwindigkeit, und macht geographische Angaben.

Oberleutnant Giannini verschwendet keinen Blick auf die Aussenwelt. Er schaut stur nur auf seine Instrumente, den künstlichen Horizont, den Kurskreiselkompass, den Geschwindigkeitsmesser, das Variometer.

Der Tiger ist über dem Entlebuch, auf 4500 Meter Höhe, gut zwanzig Kilometer von der Piste entfernt. Zu diesem Zeitpunkt übergibt der Basler Scalabrini die Führung des Tigers seinem Kameraden Jean-Pierre Flückiger, dem *preciser operator,* wie er in der Fachsprache heisst: Der bringt den Piloten im letzten Teil des Instrumentenflugs bis zur Landung. Noch

214/215 Der Tiger F-5 sticht vom gleissenden Sonnenlicht in die graue Wolkendecke hinein. Der Mann im Cockpit braucht jetzt Radarführung.

Flugverkehrsleiter Sergio Scalabrini (links) und Jean-Pierre Flückiger an den Radarkonsolen. Sie halten die Piloten auf Kurs.

213

steck der Tiger mitten in den Wolken. «Zwölf Meilen bis zum Aufsetzen», hört Pilot Giannini vom Flugverkehrsleiter Flückiger. «Fünf Meter zu hoch.» Der Tessiner korrigiert. Dann fordert ihn Jean-Pierre Flückiger zu einem Kurswechsel um drei Grad nach links auf. Und wieder: «Zehn Meilen bis zum Aufsetzen.» So hält der Mann an der Konsole den Tiger-Piloten mit speziellen englischen Redewendungen stets auf dem richtigen Kurs.

Noch sechs Meilen bis zum Aufsetzen. Jean-Pierre Flückiger, aufgewachsen in Aigle im Waadtland, nennt seinem unsichtbaren Partner in der Luft ununterbrochen den Kurs und beruhigt ihn mehrmals: «Sie sind auf dem Gleitweg.» Gleichzeitig wird der Anflug fotografisch aufgezeichnet. Es ist ein Elf-Grad-Anflug, ein ungewöhnlich steiler *approach,* der unangenehmen Druck in den Ohren verursacht. Der Tiger sinkt mit sechs Metern pro Sekunde.

Die Maschine nähert sich jetzt dem kritischen Punkt – der Höhe 750 Meter über Grund: Es ist die *decision altitude,* die Entscheidungshöhe: Wenn der Pilot die Piste noch nicht sehen kann, muss er sofort durchstarten und einen neuen Anflug versuchen oder einen Ausweichflugplatz ansteuern.

Pilot Giannini, privat ein begeisterter Gleitschirmsegler, kann die Landebahn sehen – er ist genau in der Pistenachse aus dem Wolkenmeer herausgekommen

Um rationell zu arbeiten, werden zumeist zwei Flugzeuge gleichzeitig zum Stützpunkt gelotst. Die beiden Maschinen bleiben in den Wolken

und fährt jetzt Landeklappen und Fahrwerk aus. Sein Lotse verabschiedet sich: «*Talk-down completed*», das «Hinunterreden» ist beendet. Den Rest macht der Tessiner allein. Jean-Pierre Flückiger kann einem nächsten Piloten aus den Wolken heraushelfen.

Solche vom Boden aus geführte Präzisionsanflüge *(ground-control approach)* gemäss den internationalen *Instrumental Flight Rules* (IFR) haben in der Ausbildung einen hohen Stellenwert. In der Fliegerschule werden die Pilotenanwärter schon bald nach dem ersten Vampire-Soloflug mit IFR-Einsätzen konfrontiert.

Denn die Beherrschung des Instrumentenflugs ist für den Piloten wichtig – überlebenswichtig: Er muss seinen Auftrag auch bei schlechtem Wetter ausführen können und bei überraschender Wolken- oder Nebelbildung sicher heimfinden.

Doch genau wie in der zivilen Linienfliegerei sind auch im Militär die Flugverkehrsleiter an den Radarkonsolen an Spitzenflugtagen häufig überlastet. Deshalb werden den Piloten bereits vor dem Start sogenannte *slots* zugeteilt, «Landungsfenster» mit genauen Zeitvorschriften.

Wer sich nicht daran hält, bekommt einen Verweis.

218/219 Aufsetzen der beiden Tiger in Dübendorf. Bei nasser Piste wird der Bremsschirm ausgefahren.

im engen Verbandsflug.

Die Tiger-Patrouille ist jetzt im Sichtflug, nähert sich der Piste...

...und wird in den nächsten Sekunden zur Landung ansetzen.

Die Hornisse sticht

Sie gilt als «Ferrari der Militäraviatik». Die F/A-18 Hornet (Hornisse) ist ein High-Tech-Apparat der Spitzenklasse: leicht zu fliegen, sehr sicher, mit ausgezeichneten Luftkampfqualitäten und modernstem Bordradar. Vor allem verfügt die F/A-18 über ein grosses Entwicklungspotential, was bei der langen Einsatzdauer, die in der Schweizer Flugwaffe üblich ist, dereinst entscheidend sein wird. Nach einem aufwendigen Evaluationsverfahren entschied sich der Bundesrat im Oktober 1988 für 34 F/A-18-Kampfflugzeuge. Wenn das Parlament die dafür notwendigen drei Milliarden Franken bewilligt, wird die Hornisse in den neunziger Jahren den Schweizer Himmel beherrschen.

Ausblicke

Der Todessturz bleibt ungeklärt – es war wohl ein kurzer Blackout des Piloten während hoher Beschleunigung.

Im Osten Kanadas, in Neufundland, trainierte Northrop-Testpilot Dave Barnes seine Flugshow ein letztes Mal für das bevorstehende Air-Meeting im britischen Farnborough. Dann fiel der F-20 plötzlich wie ein Stein vom Himmel.

Dieser Absturz des zweiten Prototyps im Spätsommer 1986 kostete den Piloten das Leben. Er brachte darüber hinaus das gesamte F-20-Kampfjet-Projekt zu Fall, in das der kalifornische Flugzeugkonstrukteur Northrop gegen eine Milliarde Dollar investiert hatte.

Und das zeitigte Auswirkungen bis in die ferne Schweiz. Denn der F-20 Tigershark (Tigerhai), eine Weiterentwicklung des F-5 Tiger mit stärkerem Triebwerk und neuer Avionik, stand weit oben auf der Evaluationsliste der helvetischen Rüstungsbeschaffer.

Mitte der neunziger Jahre soll eine neue Generation von Kampfflugzeugen unsere Mirage III S entthronen und deren bisherige Rolle als Abfangjäger übernehmen. Dannzumal sind die formschönen französischen Deltaflügler dreissig Jahre alt und sollen – mittels mehrerer Kampfwertsteigerungen in Schuss gehalten – zusammen mit den Tiger F-5 im Raumschutz eingesetzt werden. Später werden die Tiger wohl anstelle der Hunter-Veteranen als Erdkampfflugzeuge dienen.

Doch in den Luftgefechten im dritten Jahrtausend haben nur Abwehrwaffen eine Chance, welche den Mitteln eines Angreifers zumindest ebenbürtig sind. Zeitgemässe Einsatzszenarien verlangen zeitgemässes Flugmaterial. Das entscheidende Kriterium bei Lufteinsätzen in der kleinen Schweiz ist der Zeit–Weg-Faktor: Ein Abfangjäger muss wegen der

220/221 Der F/A-18 Hornet: Hier eine Maschine des kanadischen Taktischen Nato-Geschwaders 409 über Bayern.

222/223 Er war der härteste Widersacher der Hornisse: Der F-16C Fighting Falcon, hier über Texas.

heutigen kurzen Vorwarnzeit extrem schnell steigen und beschleunigen können, äusserst wendig sowie allwetter- und nachtflugtauglich sein.

Denn ein Schweizer Kampfflugzeug wird in erster Linie für die Wahrung der Lufthoheit im Luftpolizei- und Neutralitätsschutzdienst sowie für die Luftverteidigung eingesetzt. Da sind gute Flugleistungen und die Fähigkeit für 9-g-Belastungen wichtig. Doch sie sind nicht das Mass aller Dinge. Ein Kampfflug-

zeug der modernen Art ist vor allem eine Waffenplattform. Entscheidend sind dabei die Wirkungsweisen des Radars und die Resistenz der Systeme im Klima elektronischer Kriegführung.

So galt es denn anfangs der achtziger Jahre, in einem Vorevaluationsverfahren die in Frage kommenden Kandidaten aufzulisten. Dabei spielen nicht allein die Technik, sondern auch politische und wirtschaftspolitische Aspekte eine wesentliche Rolle. In die Beschaffungs-

papiere kamen zuoberst, neben dem F-20, die besten Kampfflugzeuge, die im Westen bereits im Einsatz standen: die französische Mirage 2000, die US-Fighter F-16 und F/A-18, aber auch drei Apparate in verschiedenen Stadien der Neuentwicklung, so der israelische Lavi (Löwe), der schwedische Jas-39 Gripen (Greifvogel), die französische Rafale (Feuerstoss).

Der Lavi kippte frühzeitig aus den Büchern, weil sein Serienbau – trotz guter

Händedruck von Konkurrenten in Bern: Neil L. Eddins (links), Vertreter des Flugzeugkonstrukteurs McDonnell-Douglas (F/A-18), und Oats

Flugleistungen und hervorragender Elektronik – aus Geldmangel gestoppt wurde. Saab-Scania manövrierte sich mit dem Gripen selbst aus der Entscheidung, weil der Mehrzweckjäger erst im Dezember 1988 – mit achtzehn Monaten Verspätung – zum Erstflug startete und im Februar 1989 bereits wieder abstürzte. Die Rafale besticht zwar mit eindrücklichen Flugkunststücken, doch die Serienreife hat sie noch nicht erreicht. Es ist aber spätestens seit der Mirage-Affäre

eine Eigenart schweizerischer Einkäufer, Bewährtem den Vorzug zu geben: Man postet nur, was keine Kosten für Experimente mehr verursacht.

So kam es 1987 zu einer Ausmarchung zwischen der Mirage 2000, dem F-16 und dem F/A-18. In Bern etablierten sich sofort hochrangige Vertreter der drei Flugzeugbauer, um vor Ort für ihre Produkte zu werben. Es zeigte sich schnell, dass der elf Tonnen schwere Deltaflügler aus Frankreich (von dem 350 Exemplare ge-

baut wurden) wegen der weniger leistungsfähigen Avionik kaum Chancen hat. In letzter Minute offerierte darauf die Herstellerfirma Dassault-Breguet der Schweiz eine modifizierte «Mirage Flex» mit supermodernem Cockpit und neuem Radarsystem, das aber erst auf dem Papier existiert. Ausserdem senkte sie den Preis um fast einen Drittel. Doch es

226/227 Bald ein vertrautes Bild: Eine Hornisse F/A-18 und ein Tiger F-5 über dem Genfersee beim Dörfchen Rivaz.

Erste Landung in der Schweiz: Ein F/A-18B-Doppelsitzer...

Schwarzenberger von General Dynamics (F-16).

...und ein F-16D-Doppelsitzer im April 1988 in Payerne.

225

Der Kampffalke F-16C (hier über Texas) ist – wie der F/A-18 – ein High-Tech-Apparat der Spitzenklasse. Er schafft Mach 2,1, steigt in drei Minuten von null auf zwölf Kilometer Höhe und kann dank seiner «look-down/shoot-down»-Kapazität auch Luftziele in Bodennähe bekämpfen. Als einziger unter den Topjägern besitzt er einen Sidestick, einen kleinen Kommandohebel anstelle der Steuersäule im Cockpit.

war zu spät. Anfang März 1988 entschied sich der Bundesrat für einen Jet aus den USA: Im Luftrennen blieben der F-16 C Fighting Falcon (Kampffalke) von General Dynamics und der McDonnell-Douglas F/A-18 C Hornet (Hornisse).

Beide Typen sind längst weltweit eingeführt und erprobt. 2000 Kampffalken wurden gebaut, weitere 1000 sind bestellt. Die Hornisse gibt's in 900 Exemplaren, 500 sind bestellt.

Doch die Schweiz kennt ihre eigenen Beschaffungsregeln. Sie will in einem aufwendigen, weltweit einzigartigen Verfahren die Flugzeuge sozusagen bis zur letzten Schraube begutachten. Deshalb kamen im April 1988 je ein Doppelsitzer des F-16 und des F/A-18 zu ausgedehnten taktischen, technischen und logistischen Tests auf den Militärflugplatz in Payerne.

In knapp vier Wochen flogen drei Truppen- und zwei Testpiloten insgesamt 55 Einsätze. Dabei ging es weniger um die eigentlichen Flugleistungen – die sind bekannt –, sondern um die Erprobung der Feuerleit- und Navigationsgeräte in schweizerischen Verhältnissen. Dazu gehörten Abklärungen über das Verhalten der Bordradarsysteme in unserer Geländestruktur. Besonders dann, wenn ein Flugzeug in einem Klima elektronischer Störmassnahmen mehrere Ziele im Visier hat.

Die 55 Einsätze der beiden Hochleistungsmaschinen verliefen genau nach Plan, wie Brigadier Fernand Carrel in Payerne, selber Pilot, resümiert: «Es gab keinerlei Zwischenfälle.»

Um bei den Versuchen möglichst realistische Werte zu erhalten, wurden auch helvetische Tiger F-5 und Mirage III S als Zieldarstellungen eingesetzt: Es kam zu eigentlichen Angriffsszenarien und Luftkämpfen: «Dabei haben sich unsere Tiger- und Mirage-Piloten grossartig geschlagen», anerkennt Brigadier Carrel, operationeller Leiter und Koordinator der Flugversuche: «Doch punkto Flugleistung waren ihre Maschinen den zwei US-Topjägern hoffnungslos unterlegen.» Bei allen Superlativen – in einem Punkt erfüllen beide Typen die Anforderungen freilich nicht: Sie sind zu gross für unsere Bergkavernen, dieses Symbol schweizerischen Widerstandswillens. Brigadier Carrel: «Das bedeutet, dass wir umdenken müssen. In Zukunft sollten wir nicht mehr die Flugzeuge den Kavernen anpassen, sondern die Kavernen den Flugzeugen.»

Doch weit wesentlicher als das Stationierungsproblem ist die Bewaffnung. Die Schweiz ist an den modernen radargelenkten *Sparrow*-Luft–Luft-Lenkwaffen interessiert, die Mehrfachziele gleichzeitig bekämpfen und nur schwer zu stören sind.

Vor allem aber hofft sie auf einen selbstzielsuchenden Flugkörper der neusten Generation: die *Amraam* (Advanced Medium-Range Air-to-Air Missile), eine Allwetter-Lenkwaffe, die Ziele aus allen Richtungen angreifen kann. Sie wiegt 152 Kilo, hat eine Reichweite von sechzig Kilometer, erreicht eine Endgeschwindigkeit von Mach 4 und kostet 500 000 Dollar – pro Stück.

In der Schlussevaluation lieferten sich der Kampffalke und die Hornisse ein hartes Kopf-an-Kopf-Rennen. Denn beide Typen sind technische Spitzenprodukte: Sie kennen übereinstimmend das *Fly-by-wire*-System, was bedeutet: Die Steuerbefehle des Piloten werden nicht mechanisch, sondern durch störsichere elektrische Impulse via Kabel an die Ruderflächen weitergeleitet.

Ein Medienereignis: Der erste Kampffalke F-16D auf dem Flugplatz Payerne. Der fabrikneue Jet flog direkt von Texas in die Schweiz.

Beide Maschinen verfügen über ein *Headup-Display* (Sichtfeld-Anzeigegerät): Die wichtigsten Flugdaten werden auf einen halbdurchlässigen Spiegel vor der Frontscheibe projiziert – der Pilot muss sein Ziel nicht mehr aus den Augen lassen, um die Instrumente abzulesen. Alle wichtigen Schalter sind ausserdem in Gashebel und Steuergriff eingebaut – der Pilot braucht die Hände nicht von den Steuerorganen zu nehmen. Vor allem jedoch: Mit der *Look-down*-Fähigkeit des

Bordradars lassen sich auch tieferliegende Ziele verfolgen, was bisher wegen des Echos der Erde nicht möglich ist.

Die Selektion ergab dann doch Unterschiede: Der F-16 wirkt agiler und weist die eher besseren Flugleistungen auf, ist aber im Aufbau konventioneller. Der F/A-18 besticht dagegen durch seine umfangreiche Elektronikausrüstung, die speziellen Radarleistungen, die in unserem stark gegliederten Gelände wesentliche Vorteile bringen, und die Sicherheit

von zwei Triebwerken. Ausserdem ist die Hornisse technologisch noch ausbaufähig und gilt als Kombi-Flugzeug, eben ein F/A: F steht für Fighter (Jäger), A für Attack (Erdkampf). Deshalb der Werbeslogan von McDonnell-Douglas: «Ein einziger Schalter macht den Abfangjäger zum Erdkämpfer.»

Am 3. Oktober 1988 gab der Bundesrat die Wahl der Hornisse bekannt. Für drei Milliarden Franken sollen 34 F/A-18 C/D beschafft werden.

F-16-Mannschaft: Manager Schwarzenberger, Piloten Bill Dryden, Joe Sweeney (v.l.).

F/A-18-Mannschaft: Piloten Gary Liddiard, Glen Larson; UeG-Pilot Reto Saxer (v.l.).

231

232/233 Ein Bild voller Dynamik und Eleganz: Zwei Hornissen F/A-18 und ein Tiger F-5 (vorn) über dem Aletschgletscher.

234/235 Aus dem Cockpit eines Tiger-F-5F-Doppelsitzers fotografiert: Zwei F/A-18 und ein Tiger F-5E (Mitte) über dem Pfynwald bei Sierre.

236/237 Künftige Militärpiloten? Buben vor einer Alouette III im Felde.

238/239 Auch Schwäne fliegen – aber unbewaffnet.

Dank

Verlag und Autoren danken dem Kommando der Flieger- und Fliegerabwehrtruppen ganz herzlich für die grosszügige und unbürokratische Unterstützung beim Entstehen des vorliegenden Bildbands. Einen speziellen Dank sprechen die beiden Autoren den Miliz- und Testpiloten, dem Fliegerärztlichen Institut in Dübendorf, dem Kommando der Fliegerschulen und vor allem den Berufspiloten des Überwachungsgeschwaders (UeG) in Payerne, Alpnach und Dübendorf sowie der Patrouille Suisse aus, die mit viel Verständnis, spontaner Hilfe und ungezählten Auskünften zum guten Gelingen beigetragen haben. Nicht zuletzt geht unser Dank an den früheren Stabschef der Flieger- und Fliegerabwehrtruppen, Brigadier zD Hans-Rudolf Schild, Hergiswil, der als Koordinator zwischen Verlag, Autoren und Fliegertruppe mit viel Engagement die Fäden geknüpft hat.